ANSWER KEYS

TO THE STUDENT TEXT AND COMMUNIPAK

Jean-Paul Valette
Rebecca M. Valette

D.C. Heath and Company,
a Division of Houghton Mifflin Company

This Answer Key contains complete answers to all of the activities in the lessons of the Student Text and Communipak.

Teaching Strategies

- Have students work in pairs to correct each other's answers for a particular activity or lesson, using a copy of the corresponding section in the Answer Key.
- Make overhead transparencies to project the answers to the full class.

D.C. Heath and Company, a Division of Houghton Mifflin Company

Published simultaneously in Canada

Printed in the United States of America

International Standard Book Number: 0-618-04731-X

2 3 4 5 6 7 8 9 DAP 06 05 04 03 02

Contents

ANSWER KEY-STUDENT TEXT

ANSWER KEY-COMMUNIPAK

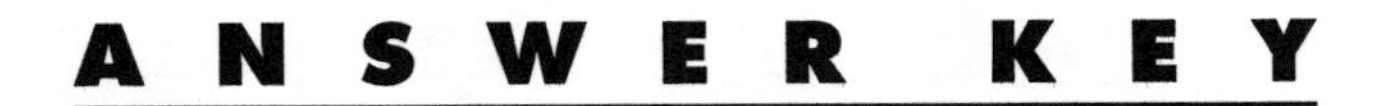

TO THE STUDENT TEXT

REPRISE Entre amis

PAGES 6–7

Et vous? *(sample answers)*

1. Je vais dans un lycée.
2. Je vais à l'école en car scolaire.
3. Ma matière préférée est l'anglais.
4. J'ai parfois les difficultés avec les maths.
5. En général, je pense que les professeurs de mon école sont sympathiques.
6. À la maison, quand je n'étudie pas, je préfère écouter mes cassettes.
7. Le weekend, je préfère aller en ville avec mes copains.
8. Quand je reste à la maison, je dois nettoyer ma chambre.
9. Quand je suis en ville avec mes copains, je préfère aller au restaurant.
10. Quand je suis à une boum, je préfère danser.
11. Quand je suis en vacances, je préfère aller à la plage avec mes copains.
12. Quand je vais au cinéma, je préfère voir une comédie.
13. À la télévision, je préfère regarder les sports.
14. Ma musique préférée est le rock.
15. Quand je suis à la plage, je préfère nager.
16. Mon sport préféré est le snowboard.
17. Avec mon argent, je préfère acheter des vêtements.
18. Un jour, j'espère faire un voyage autour du monde.

RAPPEL 1 Les nombres, la date, l'heure et le temps

PAGE 8

1 C'est combien?

1. Le sandwich coûte quatre euros.
2. Le livre coûte quinze euros.
3. Le jean coûte trente-cinq euros.
4. Le walkman coûte soixante euros.
5. La montre coûte quatre-vingt-quinze euros.
6. L'appareil-photo coûte cent quarante euros.
7. Le vélo coûte trois cent trente euros.
8. L'ordinateur coûte deux mille euros.

PAGE 9

2 Un jeu

quatre-vingt-cinq (85): Oui, A.
dix-huit (18): Oui, A.
onze (11): Oui, B.
soixante-dix-neuf (79): Non.
vingt-deux (22): Oui, A.
quarante-cinq (45): Oui, B.
quatre-vingt-huit (88): Non.
seize (16): Oui, B.
quatre-vingt-quatre (84): Oui, B.
six (6): Oui, B.
quatre-vingt-quatorze (94): Non.
quinze (15): Oui, A.
trois (3): Oui, A.
soixante-et-onze (71): Oui, B.
quatre-vingt-douze (92): Non.
vingt-sept (27): Oui, A.
soixante-et-un (61): Oui, B.
quatre-vingt-treize (93): Oui, A.
soixante-six (66): Non.
quarante-deux (42): Oui, B.
cinquante-et-un (51): Oui, A.
quatre-vingt-trois (83): Non.
trente-quatre (34): Oui, A.
trente-neuf (39): Oui, B.
soixante-seize (76): Oui, A.
quarante-trois (43): Non.
quatre-vingt-dix-huit (98): Oui, B.
soixante-huit (68): Oui, A.
cent (100): Non.
quatre-vingt-deux (82): Oui, B.

3 Les séries

a. 16, 20 (seize, vingt)
b. 20, 25 (vingt, vingt-cinq)
c. 44, 55 (quarante-quatre, cinquante-cinq)
d. 80, 90 (quatre-vingts, quatre-vingt-dix)
e. 440, 550 (quatre cent quarante, cinq cent cinquante)

4 Joyeux anniversaire!

1. L'anniversaire de Patrick, c'est le six avril.
2. L'anniversaire de Christine, c'est le douze janvier.
3. L'anniversaire de Sophie, c'est le premier octobre.
4. L'anniversaire de Jean-Claude, c'est le vingt-trois août.
5. L'anniversaire d'Isabelle, c'est le dix-huit juillet.
6. L'anniversaire d'Aïcha, c'est le premier mars.

5 Questions personnelles *(sample answers)*

1. (Aujourd'hui,) C'est lundi. (Demain,) C'est mardi.
2. (Mon jour préféré,) C'est le samedi (le dimanche, le lundi, le mardi, le mercredi, le jeudi, le vendredi).
3. (Mon mois préféré,) C'est mai (juin, juillet, août, septembre, octobre, novembre, décembre, janvier, février, mars, avril).
4. (Mon anniversaire,) C'est le quatre septembre (le premier mai, le vingt juillet).
5. (L'anniversaire de mon meilleur copain [de ma meilleure copine],) C'est le 31 mai (le premier avril).

● **PAGE 10**

6 Quelle heure est-il?

1. Il est une heure.
2. Il est deux heures et demie.
3. Il est quatre heures dix.
4. Il est cinq heures et quart.
5. Il est huit heures moins le quart.
6. Il est minuit.

● **PAGE 11**

7 Quel temps fait-il?

1. C'est juin (juillet, août).
2. C'est l'été.
3. Il fait beau.
4. Il fait chaud.
5. C'est décembre (janvier, février).
6. C'est l'hiver.
7. Il fait froid.
8. Il neige.

RAPPEL 2 Les choses de la vie courante

● **PAGE 12**

1 Mes préférences

1. Je préfère le foot (le basket).
2. Je préfère le cinéma (le théâtre).
3. Je préfère l'histoire (les sciences).
4. Je préfère le rock (la musique classique).
5. Je préfère le jus d'orange (la limonade).
6. Je préfère les pizzas (les hamburgers).
7. Je préfère la glace à la vanille (la glace au chocolat).
8. Je préfère la cuisine chinoise (la cuisine mexicaine).

2 Qu'est-ce que c'est?

1. C'est une voiture.
2. C'est un appareil-photo.
3. C'est un stylo.
4. C'est une montre.
5. C'est un bureau.
6. C'est une chemise.
7. C'est un blouson.
8. C'est un manteau.
9. Ce sont des chaussures.
10. Ce sont des lunettes de soleil.

3 Qu'est-ce qu'ils portent? *(sample answers)*

1. Aujourd'hui, je porte un tee-shirt (un chemisier, une chemise, un pull, un sweat), un pantalon (une jupe, une robe), des chaussettes, des chaussures et un blouson.
2. Le professeur porte une chemise, une cravate, un pantalon, des chaussettes et des chaussures. (Le professeur porte une jupe, un pull et des chaussures.)
3. L'élève à ma droite porte un survêtement (un pantalon et une chemise, une jupe et un chemisier), des chaussettes et des chaussures.
4. L'élève à ma gauche porte une robe (un pantalon et un pull), des chaussures et des chaussettes.

● **PAGE 13**

4 Qu'est-ce qu'il y a?

1. Sur le bureau, il y a une radiocassette, un ordinateur, des livres, un stylo, des cassettes et des crayons.
2. Dans la chambre, il y a une affiche, un vélo, une table, une chaîne stéréo, une chaise, un imper(méable) et un sac.
3. Dans la valise bleue, il y a une veste, une cravate, un pull, des chemises, des chaussettes et un pantalon.
4. Dans la valise rouge, il y a un pull, un chemisier, un maillot de bain, une jupe, un survêtement et une robe.

● **PAGE 14**

5 Et vous? *(sample answers)*

1. J'ai un ordinateur (une radiocassette, un vélo, des compacts). Je n'ai pas d'appareil-photo (de lunettes de soleil, de chaîne stéréo).

2. Pour mon anniversaire, je voudrais des compacts (une affiche, une télé).
3. Dans ma chambre, il y a un bureau (une chaise, des stylos). Il n'y a pas de télé (d'ordinateur, de table).
4. Mon copain (ma copine) a des compacts (un vélo, un appareil-photo). Il (Elle) n'a pas de radiocassette (de disques, de lunettes).
5. Mes parents ont une télé (une chaîne stéréo, des livres). Ils n'ont pas de vélo (de compacts, de lunettes).
6. Dans la classe, il y a des affiches (des chaises, un bureau). Il n'y a pas de télé (d'ordinateur, d'appareil-photo).

6 Qu'est-ce qu'ils font?

1. Paul va au café.
2. Christine et Sophie sont au stade.
3. Pauline vient de la plage.
4. Monsieur Durand rentre du supermarché.
5. Olivier et Christophe jouent aux cartes.
6. Catherine joue de la guitare.

7 Où vont-ils?

Les élèves vont à l'école.
Les touristes vont au musée.
La chimiste va au laboratoire.
La pharmacienne va à la pharmacie.
Les athlètes vont au stade.

PAGE 15

8 Pas de chance

1. sous
2. dans
3. derrière
4. sur
5. devant
6. à côté de (près de)

9 En ville

1. — Pardon, monsieur (mademoiselle), où est la statue de Napoléon?
   — Elle est devant l'église.
   — Merci.
2. — Pardon, monsieur (mademoiselle), où est le musée?
   — Il est à gauche (à côté, près) du Café des Artistes.
   — Merci.
3. — Pardon, monsieur (mademoiselle), où est l'hôtel du Parc?
   — Il est entre le café et le supermarché.
   — Merci.
4. — Pardon, monsieur (mademoiselle), où est le cinéma?
   — Il est à droite (à côté, près) du supermarché.
   — Merci.
5. — Pardon, monsieur (mademoiselle), où est le cinéma?
   — Il est loin de la bibliothèque.
   — Merci.

PAGE 16

10 Dialogue

1. PAUL: C'est ton stylo?
   SOPHIE: Non, ce n'est pas mon stylo.
   PAUL: Tu es sûre?
   SOPHIE: Mais oui, mon stylo est blanc.
2. PAUL: C'est ta montre?
   SOPHIE: Non, ce n'est pas ma montre.
   PAUL: Tu es sûre?
   SOPHIE: Mais oui, ma montre est verte.
3. PAUL: C'est ton sac?
   SOPHIE: Non, ce n'est pas mon sac.
   PAUL: Tu es sûre?
   SOPHIE: Mais oui, mon sac est orange.
4. PAUL: Ce sont tes lunettes de soleil?
   SOPHIE: Non, ce ne sont pas mes lunettes de soleil.
   PAUL: Tu es sûre?
   SOPHIE: Mais oui, mes lunettes de soleil sont jaunes.
5. PAUL: Ce sont tes chaussures?
   SOPHIE: Non, ce ne sont pas mes chaussures.
   PAUL: Tu es sûre?
   SOPHIE: Mais oui, mes chaussures sont noires.
6. PAUL: C'est ta chemise?
   SOPHIE: Non, ce n'est pas ma chemise.
   PAUL: Tu es sûre?
   SOPHIE: Mais oui, ma chemise est rouge.

PAGE 17

11 À qui est-ce?

1. Non, ce n'est pas <u>sa</u> maison.
2. Oui, c'est <u>son</u> appareil-photo.
3. Non, ce ne sont pas <u>ses</u> cousines.
4. Oui, c'est <u>son</u> copain.
5. Non, ce n'est pas <u>son</u> amie.
6. Oui, ce sont <u>ses</u> livres.
7. Oui, c'est <u>son</u> ordinateur.

12 Relations personnelles

1. J'invite mon amie française.
2. Nathalie invite son cousin.
3. Alice et Stéphanie vont au cinéma avec leur cousin.
4. François et Thomas dînent avec leurs amies.
5. Nous téléphonons à notre grand-mère.
6. Vous rendez visite à votre oncle.
7. Nous voyageons avec nos parents.
8. Vous jouez au foot avec vos copains.

13 Au grand magasin

1. — Combien coûte ce sac?
   — Quel sac?
   — Ce sac-ci!
   — Il coûte quatre-vingts euros.
2. — Combien coûte cette cravate?
   — Quelle cravate?
   — Cette cravate-ci!
   — Elle coûte vingt-cinq euros.
3. — Combien coûte cet imperméable?
   — Quel imperméable?
   — Cet imperméable-ci!
   — Il coûte deux cent trente euros.
4. — Combien coûte cette affiche?
   — Quelle affiche?
   — Cette affiche-ci!
   — Elle coûte dix-huit euros.
5. — Combien coûtent ces lunettes de soleil?
   — Quelles lunettes de soleil?
   — Ces lunettes de soleil-ci!
   — Elles coûtent trente euros.
6. — Combien coûtent ces chaussures?
   — Quelles chaussures?
   — Ces chaussures-ci!
   — Elles coûtent soixante-quinze euros.

RAPPEL 3 Les activités

PAGE 18

1 Qu'est-ce qu'ils font?

1. Elle mange une glace.
2. Il achète un sandwich.
3. Ils habitent à Paris.
4. Ils visitent la France.
5. Ils voyagent en voiture.
6. Ils écoutent la radio.
7. Ils jouent au volley.
8. Elle porte un short.
9. Il porte un survêtement.

PAGE 19

2 Les voisins

1. Béatrice joue de la guitare.
2. Les copains dansent.
3. Vous chantez.
4. Tu joues du piano.
5. Les Thomas regardent la télé.
6. Tu écoutes la radio.
7. Nous étudions.
8. Vous téléphonez.
9. Monsieur Carton dîne (mange).

3 Oui ou non?

1. À la maison, je téléphone souvent (je ne téléphone pas souvent), j'aide mes parents (je n'aide pas mes parents), je prépare le dîner (je ne prépare pas le dîner).
2. En classe, nous écoutons toujours le professeur (nous n'écoutons pas toujours le professeur); nous parlons français (nous ne parlons pas français); nous ne mangeons pas de sandwichs (nous mangeons des sandwichs); nous n'apportons pas nos disques (nous apportons nos disques).
3. Le weekend, j'étudie (je n'étudie pas), je reste à la maison (je ne reste pas à la maison), je retrouve mes copains (je ne retrouve pas mes copains), j'achète des vêtements (je n'achète pas de vêtements).
4. Mon copain / ma copine parle espagnol (ne parle pas espagnol), joue au tennis (ne joue pas au tennis), danse bien (ne danse pas bien).
5. Mes cousins habitent au Canada (n'habitent pas au Canada), voyagent souvent (ne voyagent pas souvent), téléphonent tous les weekends (ne téléphonent pas tous les weekends).
6. Pendant les vacances, mes copains et moi, nous travaillons (nous ne travaillons pas), nous nageons (nous ne nageons pas), nous organisons des boums (nous n'organisons pas de boums).
7. En général, les jeunes Américains étudient beaucoup (n'étudient pas beaucoup), aiment la musique classique (n'aiment pas la musique classique), restent à la maison pendant les vacances (ne restent pas à la maison pendant les vacances).
8. En France, on ne parle pas anglais, on mange bien, on ne joue pas au baseball.

PAGE 20

4 Et toi? *(sample answers)*

En général, j'aime aller à l'école (nager / voyager); je n'aime pas téléphoner (préparer le dîner / rester à la maison); je préfère étudier (manger au restaurant / aller au cinéma).

Avec mes amis, j'aime écouter des cassettes (danser / parler français), je n'aime pas rester à la maison (jouer au baseball / organiser des boums), je préfère voyager (nager / jouer au tennis).

Avec ma famille, j'aime jouer au volley (voyager / regarder la télé), je n'aime pas acheter des vêtements (écouter la radio / chanter), je préfère acheter des pizzas (aller au restaurant / rester à la maison).

Le weekend, j'aime nager (organiser des boums / téléphoner), je n'aime pas étudier (préparer le dîner / rester à la maison), je préfère gagner de l'argent (jouer au tennis / danser).

Pendant les vacances, j'aime voyager (organiser des boums / jouer au volley), je n'aime pas travailler (jouer du piano / étudier), je préfère danser (nager / jouer de la guitare).

Quand je suis seul(e), j'aime jouer du piano (étudier / regarder un magazine), je n'aime pas écouter la radio (préparer le dîner / acheter des vêtements), je préfère regarder la télé (manger des pizzas / téléphoner).

5 Invitations *(sample answers)*

— Est-ce que tu veux dîner avec moi?
— Oui, je veux bien. (Je regrette, mais je ne peux pas. Je dois étudier / rester à la maison.)

— Est-ce que tu veux jouer au foot avec moi?
— Oui, je veux bien. (Je regrette, mais je ne peux pas. Je dois préparer le dîner / aider mon frère.)

— Est-ce que tu veux jouer au volley avec moi?
— Oui, je veux bien. (Je regrette, mais je ne peux pas. Je dois retrouver mon copain / étudier.)

— Est-ce que tu veux écouter des cassettes avec moi?
— Oui, je veux bien. (Je regrette, mais je ne peux pas. Je dois rentrer / travailler.)

— Est-ce que tu veux regarder la télé avec moi?
— Oui, je veux bien. (Je regrette, mais je ne peux pas. Je dois rester à la maison / retrouver ma copine.)

— Est-ce que tu veux acheter des compacts avec moi?
— Oui, je veux bien. (Je regrette, mais je ne peux pas. Je dois rentrer / aider mon frère.)

— Est-ce que tu veux visiter le musée avec moi?
— Oui, je veux bien. (Je regrette, mais je ne peux pas. Je dois préparer le dîner / retrouver mon copain.)

PAGE 21

6 Conversations

1. — Est-ce que tu parles italien?
   — Oui, je parle italien. (Non, je ne parle pas italien.)
2. — Est-ce que tu joues du banjo?
   — Oui, je joue du banjo. (Non, je ne joue pas de banjo.)
3. — Est-ce que tu chantes dans une chorale?
   — Oui, je chante dans une chorale. (Non, je ne chante pas dans une chorale.)
4. — Est-ce que tu restes à la maison le samedi?
   — Oui, je reste à la maison le samedi. (Non, je ne reste pas à la maison le samedi.)
5. — Est-ce que tu travailles le weekend?
   — Oui, je travaille le weekend. (Non, je ne travaille pas le weekend.)
6. — Est-ce que tu apportes ton walkman en classe?
   — Oui, j'apporte mon walkman en classe. (Non, je n'apporte pas mon walkman en classe.)
7. — Est-ce que tu dînes souvent au restaurant?
   — Oui, je dîne souvent au restaurant. (Non, je ne dîne pas souvent au restaurant.)
8. — Est-ce que tu manges à la cantine?
   — Oui, je mange à la cantine. (Non, je ne mange pas à la cantine.)
9. — Est-ce que tu aimes marcher?
   — Oui, j'aime marcher. (Non, je n'aime pas marcher.)

7 Conversations *(sample answers)*

1. — Où est-ce que tu habites?
   — J'habite à Boston (à San Francisco, à Miami).
2. — À quelle heure est-ce que tu rentres à la maison?
   — Je rentre à la maison à deux heures et demie (à trois heures, à trois heures et quart).
3. — À quelle heure est-ce que tu dînes?
   — Je dîne à six heures (à six heures et demie, à sept heures moins le quart).
4. — Avec qui est-ce que tu joues au volley?
   — Je joue au volley avec mes copains (avec mon frère, avec mes parents).
5. — Quand est-ce que tu regardes la télé?
   — Je regarde la télé le soir (à sept heures).
6. — Où est-ce que tu achètes tes vêtements?
   — J'achète mes vêtements dans mon quartier (à Paris, dans un petit magasin).
7. — Quand est-ce que tu retrouves tes copains?
   — Je retrouve mes copains après l'école (le samedi soir, le dimanche).
8. — Avec qui est-ce que tu voyages?
   — Je voyage avec mes parents (avec mes copains, avec ma soeur).

PAGE 22

8 Au téléphone

1. — Et, qu'est-ce que tu vas manger?
   — Euh, une omelette.
2. — Dis, qu'est-ce que tu fais samedi soir?
   — Je vais aller à une boum.
3. — Qui organise la boum?
   — C'est ma cousine Corrine.

4. — Qui est-ce que tu invites à la boum?
   — J'invite Christine.
5. — Et avec qui est-ce que tu vas danser?
   — Avec toutes mes copines.
6. — Pourquoi est-ce que tu ne vas pas au concert le weekend prochain?
   — Parce que je n'ai pas de billet.

9 Qui?

1. Jean-Pierre entend le téléphone.
2. M. Laplanche vend des glaces.
3. Véronique choisit une veste.
4. Alice répond au téléphone.
5. Mme Caron attend un taxi.
6. M. Lemaigre grossit.

10 Quel verbe?

1. vend
2. perds
3. réussissez
4. maigrissons
5. rendent visite
6. attend
7. choisit
8. grossissent
9. finis
10. entend
11. répondons
12. finissent

● PAGE 23

11 Questions et réponses

1. Oui, il étudie avec elle.
2. Non, elle ne danse pas avec lui.
3. Oui, il joue au tennis avec elle.
4. Non, il ne voyage pas avec eux.
5. Oui, elle dîne chez elles.
6. Non, elle ne travaille pas pour lui.
7. Oui, il travaille pour lui.
8. Oui, il travaille pour eux.

12 L'orage

1. Tu étudies chez toi.
2. Nous dînons chez nous.
3. Monsieur Leblanc travaille chez lui.
4. Vous regardez la télé chez vous.
5. Patrick et Marc jouent au ping-pong chez eux.
6. Mes copines préparent l'examen chez elles.
7. J'écoute la radio chez moi.
8. Florence joue au Nintendo chez elle.

● PAGE 24

13 S'il te plaît

1. Aide-moi, s'il te plaît!
2. Invite-moi à ta boum, s'il te plaît!
3. Donne-moi son numéro de téléphone, s'il te plaît!
4. Apporte-moi un sandwich, s'il te plaît!
5. Téléphone-moi, s'il te plaît!

● PAGE 25

14 Bons conseils

1. Gagne ton match! Ne perds pas!
2. Ne jouez pas au basket! Rentrez à la maison!
3. Étudie! Ne regarde pas la télé! N'écoute pas tes cassettes!
4. Mangez vos spaghetti! Finissez votre dîner! Ne jouez pas avec les allumettes!

15 C'est le weekend

1. — On joue au basket?
   — D'accord! Jouons au basket.
2. — On joue au tennis?
   — D'accord! Jouons au tennis.
3. — On invite des copains?
   — D'accord! Invitons des copains.
4. — On rend visite à nos amis?
   — D'accord! Rendons visite à nos amis.
5. — On dîne au restaurant?
   — D'accord! Dînons au restaurant.
6. — On organise une boum?
   — D'accord! Organisons une boum.

● PAGE 26

À votre tour!

1 Situations *(sample answers)*

1. — Est-ce que tu aimes jouer au tennis?
   — Oui, j'aime jouer au tennis. (Non, je n'aime pas jouer au tennis.)
   — Comment est-ce que tu joues?
   — Je joue bien. (Je joue mal.)
   — Est-ce que tu veux jouer avec moi?
   — Oui, d'accord! (Non merci.)
2. — Est-ce que tu as une radiocassette?
   — Oui, j'ai une radiocassette. (Non, je n'ai pas de radiocassette.)
   — Est-ce que tu peux apporter des cassettes?
   — Oui, je peux apporter des cassettes. (Non, je n'ai pas de cassettes.)
   — Est-ce que tu veux organiser la boum avec moi?
   — Oui, d'accord! (Non, je ne peux pas.)

3. — Où est-ce que tu habites?
   — J'habite à Paris (à Toulon).
   — Est-ce que tu étudies l'anglais à l'école?
   — Oui, j'étudie l'anglais à l'école. (Non, je n'étudie pas l'anglais à l'école.)
   — Est-ce que tu aimes voyager?
   — Oui, j'aime voyager. (Non, je n'aime pas voyager.)
   — Quelles villes est-ce que tu veux visiter?
   — Je veux visiter New York, San Francisco et la Nouvelle Orléans.
4. — Est-ce que tu aimes tes professeurs?
   — Oui, j'aime mes professeurs. (Non, je n'aime pas mes professeurs.)
   — Où est la bibliothèque?
   — La bibliothèque est près de la cantine (à droite du gymnase).
   — À quelle heure est-ce que le cours de français finit?
   — Il finit à midi (neuf heures et quart).
5. — Est-ce qu'il y a un centre commercial?
   — Oui, il y a un centre commercial. (Non, il n'y a pas de centre commercial.)
   — Dans quel magasin est-ce que vous achetez vos vêtements?
   — J'achète mes vêtements à Mod'shop.
   — Quel est votre restaurant préféré?
   — Mon restaurant préféré est «Le Gourmet», près de la bibliothèque.
6. — À quelle heure est-ce que tu veux dîner?
   — Je veux dîner à sept heures (à sept heures et quart).
   — Est-ce que tu veux manger une pizza?
   — Oui, je veux manger une pizza. (Non, je ne veux pas manger de pizza.)
   — Est-ce que tu veux regarder la télé après le dîner?
   — Oui, d'accord. (Non, je ne veux pas regarder la télé après le dîner.)
7. — Est-ce que tu aimes nager?
   — Oui, j'aime nager. (Non, je n'aime pas nager.)
   — Est-ce que tu as un maillot de bain?
   — Oui, j'ai un maillot de bain. (Non, je n'ai pas de maillot de bain.)
   — Est-ce que tu as des lunettes de soleil?
   — Oui, j'ai des lunettes de soleil. (Non, je n'ai pas de lunettes de soleil.)
   — Est-ce que tu veux aller à la piscine avec moi?
   — Oui, d'accord. (Non merci.)

PAGE 27

2 L'horaire des classes *(Answers will vary, but should include some of the following words.)*

les jours: lundi, mardi, mercredi, jeudi, vendredi
les matières: l'anglais, le français, l'espagnol, les maths, l'histoire, la biologie, etc.
les activités: le tennis, le basket, la natation, le volley, la danse, la musique, etc.

3 En vacances en France *(sample answers)*

mes lunettes de soleil, mon appareil-photo, mon walkman, mon sac, ma montre, mes cassettes, ma robe, mon blouson, mes chaussures

4 Mes préférences *(sample answers)*

J'aime parler français, nager, visiter les musées, manger des sandwichs, rendre visite à mes copains.
Je n'aime pas préparer le dîner, organiser une boum, attendre le bus, rendre visite à mes cousins.

5 Une lettre à Christine *(sample letter)*

le 15 octobre

Chère Christine,

Je m'appelle Sandra Laraby. J'habite à Newton. Je vais à Newton High School. J'étudie le français, l'anglais, les maths, les sciences, l'informatique et le piano. Je joue au volley et au foot. J'aime voyager, organiser des boums, écouter mes cassettes. Et toi? Parle-moi de toi.

À bientôt,
Sandra

UNITÉ 1 Qui suis-je?

LEÇON 1 Le français pratique: Je me présente

PAGE 32

1 Et vous? *(sample answers)*

Je m'appelle Susan Bruce.
Je suis américaine.
J'habite à Tewksbury, Massachusetts.
J'ai quatorze ans.

2 Le club français

Comment t'appelles-tu?
Quel âge as-tu?
Où es-tu né(e)?
Quand es-tu né(e)?

PAGE 33

3 Au club international

1. — Comment t'appelles-tu?
   — Je m'appelle Nicole.
   — Où habites-tu?
   — J'habite à Genève.
   — Tu es suisse?
   — Oui, je suis suisse.
2. — Comment t'appelles-tu?
   — Je m'appelle David.
   — Où habites-tu?
   — J'habite à Tel Aviv.
   — Tu es israélien?
   — Oui, je suis israélien.
3. — Comment t'appelles-tu?
   — Je m'appelle Silvia.
   — Où habites-tu?
   — J'habite à Rome.
   — Tu es italienne?
   — Oui, je suis italienne.
4. — Comment t'appelles-tu?
   — Je m'appelle Michiko.
   — Où habites-tu?
   — J'habite à Tokyo.
   — Tu es japonaise?
   — Oui, je suis japonaise.
5. — Comment t'appelles-tu?
   — Je m'appelle Lin.
   — Où habites-tu?
   — J'habite à Beijing.
   — Tu es chinois?
   — Oui, je suis chinois.
6. — Comment t'appelles-tu?
   — Je m'appelle José.
   — Où habites-tu?
   — J'habite à San Juan.
   — Tu es portoricain?
   — Oui, je suis portoricain.
7. — Comment t'appelles-tu?
   — Je m'appelle Luisa.
   — Où habites-tu?
   — J'habite à Acapulco.
   — Tu es mexicaine?
   — Oui, je suis mexicaine.
8. — Comment t'appelles-tu?
   — Je m'appelle Olga.
   — Où habites-tu?
   — J'habite à Moscou.
   — Tu es russe?
   — Oui, je suis russe.

PAGE 35

4 Questions personnelles *(sample answers)*

1. Oui, je suis enfant unique. (Non, je ne suis pas enfant unique.)
2. Oui, j'ai des frères (un frère) et des soeurs (une soeur). Ils / Elles s'appellent (Il / Elle s'appelle) . . . Ils / Elles ont (Il / Elle a) huit ans, cinq ans et un an (dix-sept ans, quatorze ans). (Non, je suis enfant unique.)
3. Mon meilleur copain s'appelle . . . Je suis plus jeune (plus âgé[e]) que lui. Je suis plus jeune (plus âgé[e]) que ma meilleure copine.
4. Oui, j'ai des oncles et des tantes. Ils / Elles sont marié(e)s (célibataires, divorcé[e]s). (Non, je n'ai pas d'oncles et de tantes.)
5. Oui, j'ai des cousins et des cousines. Oui, ils / elles habitent près d'ici. (Non, ils / elles n'habitent pas près d'ici.) Oui, je vais chez eux pendant les vacances. (Non, je ne vais pas chez eux pendant les vacances.)
6. Mes grands-parents habitent en Floride (à San Francisco, au Canada). Mon grand-père a soixante ans (cinquante-huit ans). Ma grand-mère a cinquante-trois ans (cinquante-sept ans). (Je n'ai pas de grands-parents.)
7. Oui, mes voisins ont des jeunes enfants. (Non, mes voisins n'ont pas de jeunes enfants.) Oui, je fais du baby-sitting pour eux.

5 La famille Moreau

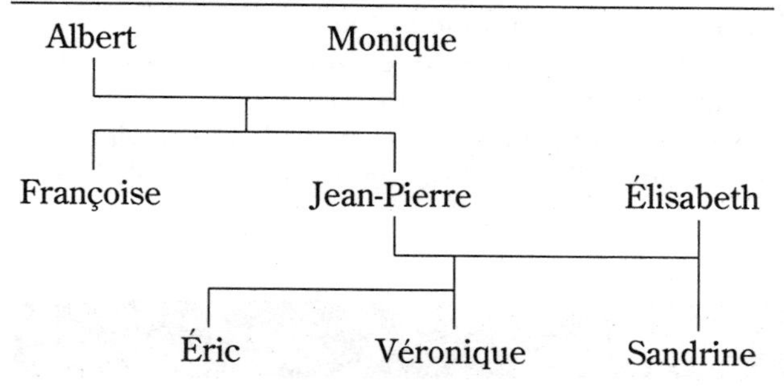

(a)
1. Vrai
2. Vrai
3. Faux
4. Faux
5. Vrai
6. Vrai
7. Vrai
8. Vrai

(b)
1. Élisabeth est la femme de Jean-Pierre.
2. Élisabeth est la mère de Véronique.
3. Albert est le grand-père de Véronique.
4. Éric est le demi-frère de Sandrine.
5. Monique est la grand-mère d'Éric.
6. Jean-Pierre est le beau-père de Sandrine.

● PAGE 36

6 Quelle est leur profession?

1. Elle est comptable.
2. Il est infirmier.
3. Elle est avocate.
4. Il est écrivain.
5. Elle est mannequin.
6. Elle est informaticienne.
7. Il est vendeur.

● PAGE 37

7 Expression personnelle *(sample answers)*

1. Je voudrais être acteur / actrice (médecin, avocat / avocate).
2. Mon copain veut être cinéaste (photographe, ingénieur).
3. Ma copine veut être informaticienne (dentiste, femme d'affaires).
4. Quand on est bon en maths, on peut être comptable (ingénieur, technicien / technicienne).
5. Quand on aime le théâtre, on peut être acteur / actrice.
6. Quand on a du talent artistique, on peut être dessinateur / dessinatrice (acteur / actrice, cinéaste, photographe).
7. Quand on veut être riche, on peut être avocat / avocate, (médecin, homme / femme d'affaires).
8. Quand on a un bon style, on peut être écrivain.

● PAGE 38

8 Présentez vos copains!

1. Student 1: . . ., je te présente mon copain (ma copine) . . .
   Student 2: Enchanté(e).
   Student 3: Enchanté(e).
2. Student 1: Monsieur (Madame, Mademoiselle), je voudrais vous présenter mon ami(e) . . .
   Student 2: Enchanté(e).
   Student 3: Enchanté(e).

● PAGE 39

9 Conversation dirigée

PHILIPPE: Allô? Bonjour, Mylène. Ici Philippe. Ça va?
MYLÈNE: Ça va bien, merci.
PHILIPPE: Est-ce que je pourrais parler à Catherine?
MYLÈNE: Je suis désolée. Elle n'est pas à la maison.
PHILIPPE: Où est-elle?
MYLÈNE: Elle est en ville.
PHILIPPE: Merci, Mylène. Je rappellerai plus tard.
MYLÈNE: Au revoir, Philippe.

Au Jour Le Jour

Messages téléphoniques

1. Marc Blomet a téléphoné.
2. Il a téléphoné à six heures et demie (dix-huit heures trente).
3. Il a téléphoné pour confirmer son rendez-vous de demain après-midi.
4. Oui, il a laissé son numéro de téléphone. C'est le 42.22.65.31.

1. Brigitte Duchemin a téléphoné.
2. Elle a téléphoné (ce matin) à onze heures.
3. Elle a téléphoné parce qu'elle organise une boum chez elle samedi à quatre heures (seize heures).
4. On doit répondre avant vendredi pour accepter l'invitation.

● PAGE 41

Le carnet du jour

La naissance d'Anne-Sophie Jamin est annoncée.
Anne-Sophie est née à Paris.
Elle est née le 5 novembre 1993.
Aujourd'hui, elle a . . . ans.
Ses parents s'appellent Yves et Catherine Jamin.

La naissance de Coralie Delafon est annoncée.
Coralie est née à Toulon.
Elle est née le 29 octobre 1993.
Sa grand-mère s'appelle Mme Pierre Delafon.
Ses parents s'appellent Vincent et Pascale Delafon.

Un mariage est annoncé.
Le marié s'appelle Fabrice Parisot.
Sa mère s'appelle Mme Jacques Parisot.
La mariée s'appelle Isabelle Roché.
La date du mariage est le 6 novembre 1993.

Un mariage est annoncé.
La mariée s'appelle Julie Laconde.
Ses parents s'appellent M. et Mme Pierre Laconde.
Le marié s'appelle Laurent Bouvier.
Ses parents s'appellent M. et Mme Paul Bouvier.
Le mariage a lieu le 20 novembre 1993 à Marly-le-Roi.

LEÇON 2 Vidéo-scène: Armelle a un nouveau copain

● **PAGE 43**

Compréhension

1. La scène se passe à la bibliothèque municipale.
2. Armelle et Corinne sont des copines. Elles ont quinze ans. Elles vont au lycée Berthollet à Annecy.
3. Armelle annonce qu'elle a un nouveau copain.
4. Le nouveau copain d'Armelle est brun, pas très grand, assez mignon et très sympathique (sympa).
5. Corinne veut savoir comment il s'appelle.
6. À la fin de la scène, Armelle va à son rendez-vous.

● **PAGE 45**

1 Où sont-ils? Que font-ils? *(sample answers)*

Je suis dans la cuisine. Je suis en train de préparer le dîner (de téléphoner).
Tu es à la bibliothèque. Tu es en train d'étudier.
Vous êtes chez un copain. Vous êtes en train d'organiser une boum.
Nous sommes dans un magasin. Nous sommes en train d'acheter des vêtements.
Stéphanie est au garage. Elle est en train de réparer le vélo.
Alice et Paul sont au stade. Ils sont en train de jouer au foot.

2 À qui est-ce?

— À qui est la caméra?
— Elle est au cinéaste.

— À qui est le dictionnaire?
— Il est à l'interprète.

— À qui est l'ordinateur?
— Il est à l'ingénieur.

— À qui est le stylo?
— Il est à l'écrivain.

— À qui est le stéthoscope?
— Il est au médecin.

3 Questions personnelles *(sample answers)*

1. Oui, je suis toujours d'accord avec mes copains / avec mes parents / avec mes professeurs. (Non, je ne suis pas toujours d'accord avec mes copains / mes parents / mes professeurs.) Je ne suis pas d'accord avec eux quand ils sont trop pessimistes (quand ils sont ridicules / quand ils ne sont pas généreux).
2. Oui, en général, les élèves sont à l'heure pour la classe de français. (Non, en général, les élèves ne sont pas à l'heure pour la classe de français. En général, ils sont en avance / en retard.) Le professeur est toujours à l'heure (en avance / en retard) pour la classe de français. Moi, je suis toujours à l'heure (en avance / en retard).
3. Quand j'ai un rendez-vous, je suis généralement à l'heure (en avance / en retard). Le copain (la copine) avec qui j'ai rendez-vous est à l'heure (en avance / en retard). Quand mes amis ne sont pas à l'heure, j'attends (je n'attends pas).

● **PAGE 47**

4 Comment sont-ils?

1. C'est un garçon égoïste.
2. C'est une amie sympathique (aimable).
3. Ce sont des gens riches.
4. C'est une fille drôle.
5. C'est une fille timide.
6. C'est une patronne juste.
7. C'est une fille polie.
8. C'est un garçon triste.

5 L'idéal *(sample answers)*

1. Le copain idéal est sincère et patient (dynamique, tolérant). Il n'est pas distant (malhonnête, bête).
2. La copine idéale est amusante et intelligente (spontanée, intéressante). Elle n'est pas impolie (indifférente, injuste).
3. Un bon professeur est intéressant et assez strict (tolérant, organisé). Il n'est pas injuste (impatient, sévère).
4. Une bonne secrétaire est compétente et intelligente (organisée, efficace). Elle n'est pas distante (malhonnête, impatiente).
5. Une bonne patronne est organisée et dynamique (juste, optimiste). Elle n'est pas injuste (distante, impolie).

6. Un bon avocat est optimiste et compétent (intelligent, efficace). Il n'est pas pessimiste (réservé, indifférent).
7. Les bons employés sont efficaces et honnêtes (polis, compétents). Ils ne sont pas malhonnêtes (bêtes, impolis).
8. Les bons élèves sont compétents et polis (intelligents, aimables). Ils ne sont pas bêtes (impatients, impolis).

6 Descriptions *(sample answers)*

Mon meilleur copain est amusant et très dynamique. Il n'est pas réservé. Il est sincère.

Ma meilleure copine est assez timide et réservée, mais elle est sensible et aimable. Elle est très intelligente. Elle n'est pas égoïste.

Mon professeur favori est assez strict mais il est juste. Il n'est pas très organisé, mais il est très dynamique.

Mes voisins sont assez pénibles. Ils sont riches et très égoïstes. Ils ne sont pas polis. Ils ne sont pas intéressants.

Ma cousine est très drôle. Elle n'est pas timide et elle est assez optimiste. Elle n'est pas très organisée, mais elle est très sympathique.

Mes camarades de classe sont très intéressants. Ils sont optimistes, dynamiques et assez amusants. Ils ne sont pas timides, mais ils sont polis.

Le directeur (La directrice) de l'école est très organisé(e) et dynamique. Il (Elle) est compétent(e) et aimable. Il (Elle) est sévère, mais il (elle) n'est pas injuste.

● **PAGE 49**

7 Substitutions

1. Je vais inviter des copines canadiennes à ma boum.
   Je vais inviter mes cousins canadiens à ma boum.
2. Philippe a des grands-parents italiens.
   Philippe a un ami italien.
   Philippe a des copines italiennes.
3. Les employés de Madame Lebeau sont très sérieux.
   Le patron de Madame Lebeau est très sérieux.
   Les filles de Madame Lebeau sont très sérieuses.
4. Cet écrivain est très original.
   Ces dessinateurs sont très originaux.
   Ces artistes françaises sont très originales.
5. Tes soeurs ne sont pas très sportives.
   Mon frère n'est pas très sportif.
   Nos cousins ne sont pas très sportifs.
6. La nouvelle élève est très mignonne.
   Tes copines sont très mignonnes.
   Le copain d'Isabelle est très mignon.

8 Préférences personnelles

1. — Préfères-tu les personnes sportives ou intellectuelles?
   — Je préfère les personnes sportives. (Je préfère les personnes intellectuelles.)
2. — Préfères-tu les personnes imaginatives ou réalistes?
   — Je préfère les personnes imaginatives. (Je préfère les personnes réalistes.)
3. — Préfères-tu les personnes actives ou paresseuses?
   — Je préfère les personnes actives. (Je préfère les personnes paresseuses.)
4. — Préfères-tu les personnes intuitives ou logiques?
   — Je préfère les personnes intuitives. (Je préfère les personnes logiques.)
5. — Préfères-tu les personnes calmes ou ambitieuses?
   — Je préfère les personnes calmes. (Je préfère les personnes ambitieuses.)
6. — Préfères-tu les personnes heureuses ou malheureuses?
   — Je préfère les personnes heureuses. (Je préfère les personnes malheureuses.)
7. — Préfères-tu les personnes consciencieuses ou négligentes?
   — Je préfère les personnes consciencieuses. (Je préfère les personnes négligentes.)
8. — Préfères-tu les personnes ennuyeuses ou intéressantes?
   — Je préfère les personnes intéressantes. (Je préfère les personnes ennuyeuses.)

9 Une question de personnalité

1. Elle est ponctuelle.
2. Elle est sportive (active).
3. Elle est spirituelle.
4. Elle est généreuse.
5. Elle est musicienne.
6. Elle est paresseuse.
7. Elle est ambitieuse.
8. Elle est heureuse.

● **PAGE 51**

10 Présentations

C'est ma mère. Elle est pharmacienne. Elle est généreuse.

C'est M. Sanchez. C'est mon prof d'espagnol. Il est mexicain. Il est très strict. C'est un bon prof.

Ce sont mes voisins. Ce sont des gens intéressants. Ils sont aimables et polis.

C'est Attila. C'est mon chien. C'est un terrier. Il est très intelligent.

C'est mon vélo. C'est un vélo anglais. C'est un Raleigh. Il est trop petit pour moi.

C'est la voiture de mon oncle. C'est une Renault. C'est une voiture française. Elle est confortable. Elle est économique.

● PAGE 50

À votre tour!

1 Situation

Est-ce que ton ami(e) est un garçon ou une fille?
Est-ce qu'il(elle) est français(e) ou canadien(ne)?
Est-ce qu'il(elle) est grand(e) ou petit(e)?
Est-ce qu'il(elle) est gentil(le)?
Est-ce qu'il(elle) est drôle?
Est-ce qu'il(elle) est un(e) bon(ne) élève?

● PAGE 51

2 Autoportrait *(sample answer)*

Chère Michèle,

Je m'appelle Laura. Je suis sportive et dynamique en général. J'aime jouer au tennis et au volley, et j'aime nager. Je suis assez optimiste et très spontanée, mais pas très tolérante (je n'aime pas les personnes malhonnêtes ou bêtes) et je ne suis pas toujours patiente (je n'aime pas attendre le bus!). Mes parents et mes amis sont très sympathiques. Je suis très heureuse. Et toi? Parle-moi de toi.

Ton amie,
Laura

3 La personne mystérieuse *(sample answer)*

Cette personne est un acteur. Il est sensible et sympathique. Il est assez drôle, mais il peut être sérieux aussi. Il est très intéressant et dynamique. Il joue dans le film *Sixth Sense.*

● PAGES 52– 53

Lecture: Un jeu: Qui est-ce?

Solution: Les nationalités
Pauline n'est pas européenne. Donc, elle est américaine.
Olga n'est pas française. (Elle parle français seulement assez bien.) Elle n'est pas allemande. Elle n'est pas américaine. (C'est Pauline qui est américaine.) Donc, elle est anglaise.
Sylvie n'est pas allemande. Donc, elle est française.
Christine est allemande.

Solution: Les professions
Olga va à l'école. Donc, elle est étudiante.
Sylvie n'est pas journaliste, mais elle travaille pour un journal. Elle est donc photographe.
Christine n'est pas musicienne. Elle est donc journaliste.
Pauline est pianiste.

LEÇON 3 Vidéo-scène: Allons dans un café!

● PAGE 55

Compréhension

1. Le nouveau copain d'Armelle s'appelle Pierre.
2. Pierre et Armelle vont dans un café.
3. Pierre doit faire attention parce qu'il y a beaucoup de circulation.
4. Armelle commande une glace à framboise et un diabolo-menthe.
5. Pierre commande une orange pressée.
6. À la fin de la scène, Pierre voit quelqu'un dans la rue.

● PAGE 57

1 Le bonheur

1. Vous avez des parents généreux.
2. J'ai des copains sympathiques.
3. Tu as un vélo tout terrain.
4. Éric a une nouvelle copine.
5. Nous avons une grande maison.
6. Les profs ont des élèves intelligents.
7. Les Lacour ont des voisins aimables.
8. Ma soeur a un job intéressant.

2 Oh là là!

1. J'ai chaud!
2. J'ai peur!
3. J'ai tort!
4. J'ai sommeil!
5. J'ai de la chance!
6. J'ai froid!
7. J'ai soif!

3 Projets

1. Nous avons envie d'aller à la campagne. Nous avons besoin d'un vélo.
2. Mme Lasalle a envie de visiter l'Égypte. Elle a besoin d'un passeport.

3. Vous avez envie de nager. Vous avez besoin d'un maillot de bain.
4. Tu as envie d'écouter tes cassettes. Tu as besoin d'un walkman.
5. J'ai envie de jouer au tennis. J'ai besoin d'une raquette.
6. Hélène a envie de regarder les étoiles. Elle a besoin d'un télescope.
7. Patrick a envie de gagner de l'argent. Il a besoin d'un job.
8. Mes copains ont envie de manger une pizza. Ils ont besoin de dix dollars.

● **PAGE 58**

4 Qu'est-ce qu'ils font?

1. —Qu'est-ce que vous faites?
   —Nous faisons les courses.
2. —Qu'est-ce que tu fais?
   —Je fais la cuisine.
3. —Qu'est-ce qu'il fait?
   —Il fait la vaisselle.
4. —Qu'est-ce qu'elles font?
   —Elles font leurs devoirs.

● **PAGE 59**

5 Études professionnelles *(sample answers)*

Véronique fait de l'allemand. Elle veut être interprète.
Sylvie fait de la biologie. Elle veut être médecin.
Mon copain fait du droit. Il veut être avocat.
Ma copine fait du dessin. Elle veut être artiste.
La fille des voisins fait de l'informatique. Elle veut être programmeuse.

6 Conversation

1. — Tu fais du jogging?
   — Oui, je fais du jogging. (Non, je ne fais pas de jogging.)
   — Quand?
   — Après la classe. (Pendant les vacances.)
   — Où?
   — Dans ma ville. (À la campagne.)
   — Avec qui?
   — Avec ma soeur. (Avec mon chien.)
2. — Tu fais de la gymnastique?
   — Oui, je fais de la gymnastique. (Non, je ne fais pas de gymnastique.)
   — Quand?
   — Le mercredi. (Tous les jours.)
   — Où?
   — Au gymnase. (Au club de gymnastique.)
   — Avec qui?
   — Avec ma copine. (Avec mes copains.)
3. — Tu fais de la photo?
   — Oui, je fais de la photo. (Non, je ne fais pas de photo.)
   — Quand?
   — Le weekend. (Pendant les vacances.)
   — Où?
   — À la campagne. (Au club de photo.)
   — Avec qui?
   — Avec mon cousin. (Avec mes amies.)
4. — Tu fais du camping?
   — Oui, je fais du camping. (Non, je ne fais pas de camping.)
   — Quand?
   — Pendant les vacances. (En été.)
   — Où?
   — À la campagne. (Dans le Vermont.)
   — Avec qui?
   — Avec mon oncle et ma tante. (Avec mes frères.)
5. — Tu fais du vélo?
   — Oui, je fais du vélo. (Non, je ne fais pas de vélo.)
   — Quand?
   — Le weekend. (Tous les jours.)
   — Où?
   — Dans ma ville. (À la campagne.)
   — Avec qui?
   — Avec mes copains. (Avec mon voisin.)
6. — Tu fais du ski nautique?
   — Oui, je fais du ski nautique. (Non, je ne fais pas de ski nautique.)
   — Quand?
   — Pendant les vacances. (En été.)
   — Où?
   — En Californie. (À Nice.)
   — Avec qui?
   — Avec mes parents. (Avec mon copain.)
7. — Tu fais de l'aérobic?
   — Oui, je fais de l'aérobic. (Non, je ne fais pas d'aérobic.)
   — Quand?
   — Après la classe. (Le mardi et le jeudi.)
   — Où?
   — Au gymnase. (Au club de sports.)
   — Avec qui?
   — Avec mes copines. (Avec ma soeur.)
8. — Tu fais du théâtre?
   — Oui, je fais du théâtre. (Non, je ne fais pas de théâtre.)
   — Quand?
   — Après la classe. (Le vendredi.)
   — Où?
   — Au club de l'école. (À l'école de théâtre.)
   — Avec qui?
   — Avec ma voisine. (Avec mes amis.)

9. — Tu fais de la danse?
   — Oui, je fais de la danse. (Non, je ne fais pas de danse.)
   — Quand?
   — Tous les jours à cinq heures. (Pendant les vacances.)
   — Où?
   — À l'école de danse. (Au club de l'école.)
   — Avec qui?
   — Avec mes cousines. (Avec mon cousin.)

7 Questions personnelles *(sample answers)*

1. Oui, je fais des maths / de l'espagnol / de la chimie / de l'informatique. (Non, je ne fais pas de maths / d'espagnol / de chimie / d'informatique.)
2. En général, je fais mes devoirs avant (après) le dîner.
3. Oui, je fais attention quand le professeur parle / quand j'ai un examen / quand je traverse la rue. (Non, je ne fais pas attention quand le professeur parle / quand j'ai un examen / quand je traverse la rue.)
4. Ma mère fait (ma soeur fait / mes parents font / je fais) les courses dans ma famille. Elle fait (ils font / je fais) les courses au supermarché de mon quartier.
5. Oui, j'aime faire la cuisine. Mes spécialités sont les spaghetti (la salade niçoise / la tarte aux pommes). (Non, je n'aime pas faire la cuisine.)
6. Oui, je fais la vaisselle de temps en temps (souvent). (Non, je ne fais pas la vaisselle.) Généralement, mon père (mon frère / ma mère) fait la vaisselle chez moi.
7. Oui, j'aime faire des promenades. Je fais des promenades à pied / à vélo / en voiture. (Non, je n'aime pas faire de promenades.)

● **PAGE 60**

8 Conversation *(sample answers)*

1. — Dans quelle rue habites-tu?
   — J'habite dans la rue Longfellow.
2. — Combien de frères et de soeurs as-tu?
   — J'ai deux frères (un frère) et une soeur (deux soeurs). (Je n'ai pas de frères / pas de soeurs).
3. — À quels sports joues-tu?
   — Je joue au tennis, au volley et au basket.
4. — Quels programmes regardes-tu à la télé?
   — Je regarde les films d'aventures, les sports et les jeux.
5. — Quel type de musique aimes-tu?
   — J'aime le rock, le jazz, le rap, le blues et la musique classique.
6. — Dans quel magasin achètes-tu tes cassettes?
   — J'achète mes cassettes à la Coop (dans un magasin de mon quartier).
7. — Quand fais-tu tes devoirs?
   — Je fais mes devoirs l'après-midi (le soir).
8. — Quelle classe préfères-tu?
   — Je préfère la classe d'anglais (de français / d'histoire / de maths).

● **PAGE 61**

9 Conversation

1. — Parle-moi de ta copine.
   — D'accord!
   — Est-elle sportive?
   — Oui, elle est sportive. (Non, elle n'est pas sportive.)
   — Fait-elle du jogging?
   — Oui, elle fait du jogging. (Non, elle ne fait pas de jogging.)
   — A-t-elle un vélo?
   — Oui, elle a un vélo. (Non, elle n'a pas de vélo.)
2. — Parle-moi de tes voisins.
   — D'accord!
   — Sont-ils sympathiques?
   — Oui, ils sont sympathiques. (Non, ils ne sont pas sympathiques.)
   — Ont-ils des enfants?
   — Oui, ils ont des enfants. (Non, ils n'ont pas d'enfants.)
   — Parlent-ils français?
   — Oui, ils parlent français. (Non, ils ne parlent pas français.)
3. — Parle-moi de ta tante.
   — D'accord!
   — Habite-t-elle à Denver?
   — Oui, elle habite à Denver. (Non, elle n'habite pas à Denver.)
   — Parle-t-elle français?
   — Oui, elle parle français. (Non, elle ne parle pas français.)
   — Est-elle professeur?
   — Oui, elle est professeur. (Non, elle n'est pas professeur.)
4. — Parle-moi de tes cousins.
   — D'accord!
   — Aiment-ils le rock?
   — Oui, ils aiment le rock. (Non, ils n'aiment pas le rock.)
   — Ont-ils beaucoup de cassettes?
   — Oui, ils ont beaucoup de cassettes. (Non, ils n'ont pas beaucoup de cassettes.)

À votre tour!

1 Situation: Au café

As-tu soif? (Est-ce que tu as soif?)
As-tu faim? (Est-ce que tu as faim?)
As-tu envie de manger un sandwich? (Est-ce que tu as envie de manger un sandwich?)

As-tu envie de faire une promenade après? (Est-ce que tu as envie de faire une promenade après?)
Qu'as-tu envie de faire ce soir? (Qu'est-ce que tu as envie de faire ce soir?)

2 Sondage

- Fais-tu la vaisselle? (Est-ce que tu fais la vaisselle?)
- Fais-tu la cuisine? (Est-ce que tu fais la cuisine?)
- Fais-tu les courses? (Est-ce que tu fais les courses?)

3 Ce weekend *(sample answer)*

Ce weekend, j'ai envie de faire la cuisine pour mes amies. Mais je n'ai pas envie de faire les courses et la vaisselle. J'ai envie de parler avec mes amies et d'écouter des cassettes avec elles. Mais je n'ai pas envie de faire une promenade.

● PAGE 62

Lecture: Les objets parlent!

A. le refrigérateur (3)
B. le radiateur (6)
C. le téléviseur (2)
D. la cuisinière (5)
E. le lave-vaisselle (4)
F. la voiture (1)

UNITÉ 1

LEÇON 4 Vidéo-scène: Ça, c'est drôle!

● PAGE 65

Compréhension

1. Corinne passe dans la rue.
2. Armelle ne sait pas que Corinne est la cousine de Pierre.
3. Pierre va chercher Corinne.
4. Pierre propose à Corinne de prendre un pot avec lui. Oui, Corinne accepte.
5. Corinne est surprise parce que le nouveau copain d'Armelle est son cousin Pierre.

● PAGE 67

1 Où et comment? *(sample answers)*

1. Je vais en ville. Je vais en ville à pied (à vélo, en bus, en taxi, en voiture, en métro).
2. Mon copain va à l'école. Il va à l'école en bus (à vélo, à pied, en taxi, en voiture, en métro).
3. Nous allons à la campagne. Nous allons à la campagne en voiture (à vélo, en bus).
4. Les voisins vont au supermarché. Ils vont au supermarché en voiture (à vélo, en bus, en métro, à pied).
5. Les touristes vont à l'aéroport. Ils vont à l'aéroport en taxi (en voiture, en bus, en métro).
6. Ma mère va à son travail. Elle va à son travail à pied (à vélo, en bus, en voiture, en métro).
7. Vous allez à Fort-de-France. Vous allez à Fort-de-France en avion (en voiture, en bus).
8. Tu vas en France en avion.

2 Conversation *(sample answers)*

1. —Tu vas jouer au volley avant le dîner?
—Oui, je vais jouer au volley.

—Tu vas jouer au volley avant le dîner?
—Non, je ne vais pas jouer au volley.
—Qu'est-ce que tu vas faire?
—Je vais faire mes devoirs (étudier, faire la cuisine).

2. —Tu vas faire une promenade après la classe?
—Oui, je vais faire une promenade.

—Tu vas faire une promenade après la classe?
—Non, je ne vais pas faire une promenade.
—Qu'est-ce que tu vas faire?
—Je vais faire du foot (acheter des vêtements, faire mes devoirs).

3. —Tu vas dîner au restaurant demain?
—Oui, je vais dîner au restaurant.

—Tu vas dîner au restaurant demain?
—Non, je ne vais pas dîner au restaurant.
—Qu'est-ce que tu vas faire?
—Je vais aller à la campagne (aller au cinéma, dîner chez mes cousins).

4. —Tu vas visiter un musée samedi?
—Oui, je vais visiter un musée.

—Tu vas visiter un musée samedi?
—Non, je ne vais pas visiter un musée.
—Qu'est-ce que tu vas faire?
—Je vais inviter mes copains (aller au théâtre, acheter des disques).

5. — Tu vas rendre visite à tes grands-parents dimanche?
   — Oui, je vais rendre visite à mes grands-parents.

   — Tu vas rendre visite à tes grands-parents dimanche?
   — Non, je ne vais pas rendre visite à mes grands-parents.
   — Qu'est-ce que tu vas faire?
   — Je vais aller à Québec (faire du vélo, visiter un musée).
6. — Tu vas rester chez toi ce weekend?
   — Oui, je vais rester chez moi.

   — Tu vas rester chez toi ce weekend?
   — Non, je ne vais pas rester chez moi.
   — Qu'est-ce que tu vas faire?
   — Je vais aller à la campagne (aller en ville, dîner au restaurant).
7. — Tu vas travailler cet été?
   — Oui, je vais travailler.

   — Tu travailler cet été?
   — Non, je ne vais pas travailler.
   — Qu'est-ce que tu vas faire?
   — Je vais faire du sport (étudier, aller en Floride).
8. — Tu vas aller à l'université après le lycée?
   — Oui, je vais aller à l'université.

   — Tu vas aller à l'université après le lycée?
   — Non, je ne vais pas aller à l'université.
   — Qu'est-ce que tu vas faire?
   — Je vais travailler (aller en France, voyager).

3 Bonnes décisions

1. Je vais réussir à mes examens.
2. Tu ne vas pas être en retard.
3. Les élèves vont étudier.
4. Nous allons écouter le prof.
5. Monsieur Nicot ne va pas fumer.
6. Vous allez faire attention en classe.
7. Christine ne va pas regarder de films stupides.
8. La secrétaire ne va pas perdre son temps.

4 Qu'est-ce qu'ils vont aller chercher?

1. Tu vas aller chercher un pull.
2. Nous allons aller chercher des cassettes de rock.
3. Il va aller chercher son passeport.
4. Vous allez aller chercher les billets.
5. Ils vont aller chercher un sandwich.

● **PAGE 68**

5 Qui vient?

1. — Est-ce que tu viens?
   — Bien sûr, je viens.
2. — Et vous, est-ce que vous venez?
   — Non, nous ne venons pas. Nous allons chez nos cousins ce jour-là.
3. — Marc et Véronique viennent, n'est-ce pas?
   — Bien sûr, ils viennent. Ils aiment danser.
4. — Est-ce que Pauline vient?
   — Non, elle ne vient pas. Elle est malade.

● **PAGE 69**

6 Avant et après *(sample answers)*

Je viens de faire les courses. Je vais préparer le dîner.
Tu viens de mettre la table. Tu vas dîner.
Nous venons d'arriver à la plage. Nous allons nager.
Monsieur Leblanc vient de dîner. Il va regarder la télé.
Mes copains viennent d'avoir un accident. Ils vont téléphoner à la police.
Vous venez d'arriver à la gare. Vous allez acheter les billets de train.

7 Qu'est-ce qu'ils viennent de faire? *(sample answers)*

1. Christine vient de téléphoner (de parler à sa copine).
2. M. Lebrun vient d'acheter des vêtements (de faire les courses).
3. Sabine vient de rencontrer un garçon sympathique (d'avoir un rendez-vous).
4. M. et Mme Masson viennent de dîner (de rencontrer leurs amis au restaurant).
5. Mes copains viennent de réussir à l'examen (de gagner un match de volley).

● **PAGE 70**

8 Expression personnelle *(sample answers)*

1. Je fais du français depuis moins d'un an (plus d'un an).
2. Je vais dans ce lycée depuis plus d'un an (plus de deux ans).
3. Je connais mon meilleur copain (ma meilleure copine) depuis plus de cinq ans (moins d'un an).
4. Nous habitons dans notre maison (notre appartement) depuis plus de dix ans (depuis plus de deux ans).
5. Mes voisins habitent ici depuis moins d'un an (depuis plus de dix ans).
6. J'ai un vélo depuis plus de deux ans (depuis moins d'un an).

9 Depuis quand?

1. Ma cousine est infirmière depuis décembre.
2. Monsieur Arnaud travaille pour IBM depuis deux ans.

3. Vous utilisez cet ordinateur depuis six semaines.
4. Nous faisons de l'informatique depuis trois mois.
5. Ma tante est avocate depuis six ans.
6. Nos voisins viennent dans ce club depuis l'année dernière.

● **PAGE 71**

À votre tour!

1 Conversation dirigée

VINCENT: Salut, Florence. Qu'est-ce que tu fais?
FLORENCE: J'attends mon copain Philippe.
VINCENT: Depuis quand attends-tu (est-ce que tu attends)?
FLORENCE: J'attends depuis trois heures.
VINCENT: Qu'est-ce que tu vas faire si Philippe ne vient pas?
FLORENCE: Je vais aller au cinéma.
VINCENT: Est-ce que je peux aller avec toi?
FLORENCE: Bien sûr! Allons au cinéma maintenant!

2 Dans la rue

D'où viens-tu? (D'où est-ce que tu viens?)
Qu'est-ce que tu viens de faire? (Que viens-tu de faire?)
Où est-ce que tu vas maintenant? (Où vas-tu maintenant?)
Qu'est-ce que tu vas faire? (Que vas-tu faire?)

3 Depuis quand? *(sample questions and answers)*

Depuis combien de temps habites-tu (est-ce que tu habites / habitez-vous / est-ce que vous habitez) dans cette ville?
Mon copain (Antoine / M. Dupont) habite dans cette ville depuis moins d'un an (depuis six mois / depuis dix ans).

4 Le weekend prochain *(sample answer)*

Le weekend prochain, je vais aller à la campagne avec mes copains. Je vais faire du camping, du vélo et des promenades à pied. Je ne vais pas étudier. Je ne vais pas jouer au tennis. Je vais jouer au volley.

● **PAGE 73**

Lecture: Un déjeuner gratuit

Avez-vous compris?

1. a
2. b
3. b
4. c
5. a

INTERLUDE 1 Le concert de Diplodocus

● **PAGE 75**

Scène 1

Avez-vous compris?

1. Catherine va étudier avec elle.
2. Elle doit rentrer à onze heures.

● **PAGE 76**

Scène 2

Avez-vous compris?

1. Non. Catherine ne va pas chez Suzanne. Elle a rendez-vous avec son copain Jean-Michel au Café de l'Esplanade.
2. Il vient d'acheter deux billets pour le concert des Diplodocus.
3. Elle doit rentrer chez elle à onze heures.

● **PAGE 77**

Scène 3

Avez-vous compris?

1. Catherine parle avec une journaliste.
2. Catherine pense que les Diplodocus sont super-cools.
3. Le concert est extraordinaire.

● **PAGE 78**

Scène 4

Avez-vous compris?

1. Catherine rentre à l'heure.
2. Ils ne sont pas contents.
3. Catherine décide qu'elle ne va jamais mentir à ses parents.

● **PAGE 79**

Exercice de lecture

arrive, minutes, surprise, concert, situation, commence, moment, simple, parents
préparer, examen, maths, tranquille, réalité, problème, en particulier, télévision, journaliste, s'approche, applaudit, extraordinaire, raccompagner, exclusivité, curieux, ressemble, insister, expérience, leçon

IMAGES DU MONDE FRANCOPHONE 1
La France et L'Europe

● PAGE 91

Le savez-vous?

1. Les Français votent pour leur président tous les sept ans. (c)
2. La fête nationale française est le 14 juillet. (b)
3. La Bretagne est une province de la France. (c)
4. Pour skier, les Français vont en Savoie. (a)
5. Les Romains ont construit le pont du Gard. (c)
6. Le TGV est un train très rapide. (c)
7. La galette des rois est un gâteau. (a)
8. À Paris, il y a un grand défilé militaire le 14 juillet. (b)
9. Le Tour de France est une course cycliste. (b)
10. Le Tour de France finit à Paris. (a)
11. Sylvie Riedle est une championne cycliste. (c)
12. Bruxelles est la capitale de la Belgique. (a)
13. Le plus petit pays où on parle français est Monaco. (a)
14. Le Grand Prix de Monaco est une course automobile. (a)
15. Henri Dunant est l'homme qui a fondé la Croix Rouge. (b)

UNITÉ 2 Le weekend, enfin!

LEÇON 5 Le français pratique: Les activités du weekend

PAGE 97

1 Et toi? *(sample answers)*

1. Le weekend, je préfère sortir avec mes copains.
2. Quand je sors avec mes copains, je préfère voir un film.
3. En général, je préfère assister à un concert de rock.
4. Quand je vais à la plage ou à la piscine, je préfère nager.
5. En général, je préfère faire mes achats au centre-ville.
6. Quand je veux être utile à la maison, je préfère nettoyer la cuisine.

2 Conversation *(sample answers)*

1. — Où vas-tu ce weekend?
   — Je vais au café.
   — Qu'est-ce que tu vas faire là-bas?
   — Je vais rencontrer mes copains (jouer au flipper).
2. — Où vas-tu ce weekend?
   — Je vais en ville.
   — Qu'est-ce que tu vas faire là-bas?
   — Je vais aller dans les magasins (faire des achats).
3. — Où vas-tu ce weekend?
   — Je vais rester à la maison.
   — Qu'est-ce que tu vas faire?
   — Je vais aider mes parents (nettoyer/ranger ma chambre).
4. — Où vas-tu ce weekend?
   — Je vais à la plage.
   — Qu'est-ce que tu vas faire là-bas?
   — Je vais bronzer (prendre un bain de soleil, nager).
5. — Où vas-tu ce weekend?
   — Je vais au stade.
   — Qu'est-ce que tu vas faire là-bas?
   — Je vais assister à un match de foot (un concert).

PAGE 99

3 À Paris en métro

1. a
2. c
3. b
4. c
5. a
6. a
7. a
8. b (a)

PAGE 101

4 Questions personnelles *(sample answers)*

1. Oui, je vais de temps en temps à la campagne. (Non, je ne vais pas à la campagne). Je vais dans le New Hampshire (chez mes grands-parents). Je vais à la campagne avec ma famille (avec mes cousins, avec mon copain).
2. En général, quand je vais à la campagne, je fais un pique-nique (je fais un tour à vélo, je fais une promenade à pied, je vais à la pêche).
3. Je préfère nager dans un lac (dans une rivière, dans une piscine).
4. Oui, je vais souvent à la pêche. (Non, je ne vais pas à la pêche.) Je vais à la pêche dans un lac (dans une rivière). Oui, j'attrape beaucoup de poissons. (Non, je n'attrape pas beaucoup de poissons.)
5. Oui, je connais des gens qui habitent dans une ferme. (Non, je ne connais pas de gens qui habitent dans une ferme.) Oui, ils ont des animaux. (Non, ils n'ont pas d'animaux.) Ils ont des vaches, des chevaux, des cochons, des poules, des canards et des lapins.
6. Oui, il y a un parc dans la ville (dans le quartier) où j'habite. (Non, il n'y a pas de parc dans la ville [dans le quartier] où j'habite.) Oui, il y a beaucoup d'arbres. (Non, il n'y a pas beaucoup d'arbres.) Oui, il y a des fleurs. (Non, il n'y a pas de fleurs.) Dans ce parc, on peut voir des oiseaux, des écureuils et des poissons.
7. Oui, j'élève un animal (des animaux). (Non, je n'élève pas d'animaux.) J'élève un chat (un cheval, un chien, des lapins, des oiseaux).

5 Les photos de Jean-Claude

1. D
2. E
3. B
4. A
5. C

LEÇON 6 Vidéo-scène: Pierre a un rendez-vous

● PAGE 103

Compréhension

1. La scène se passe samedi, chez Pierre.
2. Madame Duval veut savoir où Pierre va.
3. Elle demande s'il a fini son travail.
4. Hier soir, Pierre a fini son travail et il a téléphoné à sa tante Caroline.
5. À la fin de la scène, Pierre va à son rendez-vous avec Armelle.

● PAGE 105

1 Au grand magasin

1. Isabelle a acheté un maillot de bain.
2. Nous avons acheté des compacts.
3. J'ai acheté une cassette.
4. Tu as acheté un vélo.
5. On a acheté des chaussures.
6. Alice a acheté une raquette.
7. Mes cousins ont acheté un appareil-photo.
8. M. Simard a acheté un imper(méable).

2 La boum

1. CORINNE: As-tu décoré le salon?
   ÉRIC: Oui, j'ai décoré le salon.
2. CORINNE: As-tu rangé les magazines?
   ÉRIC: Oui, j'ai rangé les magazines.
3. CORINNE: As-tu acheté les pizzas?
   ÉRIC: Oui, j'ai acheté les pizzas.
4. CORINNE: As-tu préparé les sandwichs?
   ÉRIC: Oui, j'ai préparé les sandwichs.
5. CORINNE: As-tu invité nos copains?
   ÉRIC: Oui, j'ai invité nos copains.
6. CORINNE: As-tu téléphoné aux voisins?
   ÉRIC: Oui, j'ai téléphoné aux voisins.
7. CORINNE: As-tu apporté la chaîne stéréo?
   ÉRIC: Oui, j'ai apporté la chaîne stéréo.
8. CORINNE: As-tu nettoyé la maison?
   ÉRIC: Oui, j'ai nettoyé la maison.

● PAGE 106

3 Samedi dernier

Samedi matin, Claire a rangé sa chambre. Samedi après-midi, elle a attendu une copine. Ensuite, elle a assisté à un concert avec elle. Samedi soir, elle a fini ses devoirs. Ensuite, elle a répondu à une lettre.

Samedi matin, Paul et Vincent ont nettoyé le garage. Samedi après-midi, ils ont joué au tennis. Ils ont perdu. Samedi soir, ils ont écouté la radio. Ils ont entendu un concert.

Samedi matin, nous avons travaillé dans le jardin. Samedi après-midi, nous avons rencontré des amis. Nous avons visité un musée. Samedi soir, nous avons préparé le dîner. Nous avons mangé une pizza.

Samedi matin, vous avez aidé vos parents. Samedi après-midi, vous avez acheté des vêtements. Vous avez choisi un imper. Samedi soir, vous avez rendu visite à des amis. Vous avez dîné chez eux.

4 Et vous? *(sample answers)*

1. Hier, avant le dîner, j'ai fini mes devoirs et j'ai répondu à une lettre. Ensuite, j'ai regardé la télé.
2. Hier, après le dîner, j'ai rangé ma chambre, j'ai joué de la guitare et j'ai rendu visite à ma copine.
3. Ce matin, pendant la classe, j'ai parlé français, j'ai fini les exercices et j'ai réussi à un examen.
4. Hier, après l'école, j'ai attendu mon copain et j'ai joué au tennis avec lui. Ensuite, j'ai préparé le dîner.

● PAGE 107

5 Conversation

1. — Tu as travaillé?
   — Oui, j'ai travaillé.
   (Non, je n'ai pas travaillé.)
2. — Tu as nagé?
   — Oui, j'ai nagé.
   (Non, je n'ai pas nagé.)
3. — Tu as joué au tennis?
   — Oui, j'ai joué au tennis.
   (Non, je n'ai pas joué au tennis.)
4. — Tu as organisé une boum?
   — Oui, j'ai organisé une boum.
   (Non, je n'ai pas organisé de boum.)
5. — Tu as assisté à un match de foot?
   — Oui, j'ai assisté à un match de foot.
   (Non, je n'ai pas assisté à un match de foot.)
6. — Tu as rangé ta chambre?
   — Oui, j'ai rangé ma chambre.
   (Non, je n'ai pas rangé ma chambre.)
7. — Tu as rencontré des amis?
   — Oui, j'ai rencontré des amis.
   (Non, je n'ai pas rencontré d'amis.)
8. — Tu as fini un livre?
   — Oui, j'ai fini un livre.
   (Non, je n'ai pas fini de livre.)
9. — Tu as choisi des vêtements?
   — Oui, j'ai choisi des vêtements.
   (Non, je n'ai pas choisi de vêtements.)
10. — Tu as perdu ton temps?
    — Oui, j'ai perdu mon temps.
    (Non, je n'ai pas perdu mon temps.)

11. — Tu as rendu visite à un copain?
    — Oui, j'ai rendu visite à un copain.
    (Non, je n'ai pas rendu visite à un copain.)
12. — Tu as rendu visite à tes cousins?
    — Oui, j'ai rendu visite à mes cousins.
    (Non, je n'ai pas rendu visite à mes cousins.)

6 Tant pis!

1. Vous n'avez pas écouté vos compacts.
2. Nous n'avons pas nagé.
3. Vous n'avez pas assisté au concert.
4. Ils n'ont pas réussi à l'examen.
5. Il n'a pas attendu son copain.
6. Tu n'as pas regardé le match de foot.
7. Elle n'a pas étudié.
8. Je n'ai pas dîné.

7 Oui ou non?

1. Ils ont réussi à l'examen.
2. Il n'a pas mangé de steak.
3. Elle a fini le gâteau.
4. Ils ont perdu le match.
5. Il n'a pas retrouvé ses copains.
6. Il n'a pas entendu le téléphone.
7. Elle a entendu un bon concert. (Elle n'a pas entendu de bon concert.)
8. Elles n'ont pas fini leurs devoirs.

● PAGE 108

8 Conversation *(sample answers)*

1. — Avec qui est-ce que tu as étudié?
   — J'ai étudié avec ma copine (avec mon frère).
2. — Qui est-ce que tu as rencontré après la classe?
   — J'ai rencontré mes amies (ma soeur).
3. — Où est-ce que tu as dîné?
   — J'ai dîné dans un restaurant (chez mes cousins).
4. — À quelle heure est-ce que tu as dîné?
   — J'ai dîné à six heures (six heures et demie).
5. — Quel programme est-ce que tu as regardé à la télé?
   — J'ai regardé «La roue de la fortune» (un film).
6. — Quelle station de radio est-ce que tu as écoutée?
   — J'ai écouté WZOO.
7. — Quel magazine est-ce que tu as regardé?
   — J'ai regardé *YM (Sports Illustrated)*.
8. — Quand est-ce que tu as préparé tes devoirs?
   — J'ai préparé mes devoirs avant le dîner (à cinq heures).

9 Bavardages

1. — Caroline a visité Genève.
   — Ah bon! Quand est-ce qu'elle a visité Genève?
   — Elle a visité Genève en octobre.
2. — Corinne a téléphoné.
   — Ah bon! À quelle heure est-ce qu'elle a téléphoné?
   — Elle a téléphoné à six heures.
3. — Françoise a voyagé au Canada.
   — Ah bon! Comment est-ce qu'elle a voyagé au Canada?
   — Elle a voyagé au Canada en train.
4. — Pauline a acheté un manteau.
   — Ah bon! Où est-ce qu'elle a acheté un manteau?
   — Elle a acheté un manteau au Bon Marché.
5. — Thomas a visité Moscou.
   — Ah bon! Avec qui est-ce qu'il a visité Moscou?
   — Il a visité Moscou avec ses parents.
6. — Isabelle a trouvé un job.
   — Ah bon! Où est-ce qu'elle a trouvé un job?
   — Elle a trouvé un job dans une boutique.
7. — Éric et Stéphanie ont dîné en ville.
   — Ah bon! Où est-ce qu'ils ont dîné?
   — Ils ont dîné à l'Écluse.
8. — Les voisins ont téléphoné.
   — Ah bon! Quand est-ce qu'ils ont téléphoné?
   — Ils ont téléphoné lundi.
9. — Nos copines ont organisé une boum.
   — Ah bon! Quand est-ce qu'elles ont organisé une boum?
   — Elles ont organisé une boum samedi.

● PAGE 109

10 Un weekend à Paris

1. — Comment est-ce que vous avez voyagé?
   — Nous avons voyagé en métro.
2. — Où est-ce que vous avez dîné?
   — Nous avons dîné au Pied de Cochon.
3. — Qui est-ce que vous avez rencontré?
   — Nous avons rencontré beaucoup de gens sympathiques.
4. — Quel musée est-ce que vous avez visité?
   — Nous avons visité le Musée d'Orsay.
5. — Quel souvenir est-ce que vous avez acheté?
   — Nous avons acheté des posters de la Tour Eiffel.
6. — À quel concert est-ce que vous avez assisté?
   — Nous avons assisté à un concert de Jean-Jacques Goldman.

11 Questions et réponses

NATHALIE: Qu'est-ce que tu as regardé à la télé?
PATRICK: J'ai regardé un film d'aventures.

NATHALIE: Qu'est-ce que tu as écouté à la radio?
PATRICK: J'ai écouté un concert de jazz.

NATHALIE: Qu'est-ce que tu as acheté pour l'anniversaire de ton père?
PATRICK: J'ai acheté une cravate.

NATHALIE: Qu'est-ce que tu as choisi à Mod'Shop?
PATRICK: J'ai choisi des tee-shirts.

NATHALIE: Qu'est-ce que tu as apporté à la boum?
PATRICK: J'ai apporté des cassettes de rock.

NATHALIE: Qu'est-ce que tu as vendu à ton cousin?
PATRICK: J'ai vendu ma raquette de tennis à mon cousin.

NATHALIE: Qu'est-ce que tu as mangé au restaurant?
PATRICK: J'ai mangé une pizza.

12 Conversation *(sample answers)*

1. — Tu as déjà voyagé en avion?
— Oui, j'ai déjà voyagé en avion.
(Non, je n'ai jamais voyagé en avion.)
— Où?
— En Europe. (À Québec.)
— Avec qui?
— Avec mes parents. (Avec mon frère.)
— Quand?
— L'année dernière. (Pendant les vacances.)
— Pourquoi?
— Pour rendre visite à mes cousins. (Pour parler français.)

2. — Tu as déjà dîné dans un restaurant vietnamien?
— Oui, j'ai déjà dîné dans un restaurant vietnamien.
(Non, je n'ai jamais dîné dans un restaurant vietnamien.)
— Où?
— À New York. (Au Canada.)
— Avec qui?
— Avec mes cousins. (Avec ma copine.)
— Quand?
— L'été dernier. (À Noël.)
— Pourquoi?
— Parce que mes cousins aiment beaucoup la cuisine vietnamienne. (Parce que les parents de ma copine sont les propriétaires du restaurant.)

3. — Tu as déjà mangé des escargots?
— Oui, j'ai déjà mangé des escargots.
(Non, je n'ai jamais mangé d'escargots.)
— Où?
— Chez ma tante. (En France.)
— Avec qui?
— Avec ma famille. (Avec mes amis.)
— Quand?
— Pendant les vacances. (Le weekend dernier.)
— Pourquoi?
— Pour être poli.

4. — Tu as déjà gagné à la loterie?
— Oui, j'ai déjà gagné à la loterie.
(Non, je n'ai jamais gagné à la loterie.)
— Quand?
— L'année dernière. (Ce weekend.)
— Pourquoi?
— Parce que j'ai de la chance!

5. — Tu as déjà joué dans un film?
— Oui, j'ai déjà joué dans un film.
(Non, je n'ai jamais joué dans un film.)
— Où?
— À Paris. (Dans mon quartier.)
— Avec qui?
— Avec mon cousin. (Avec un ami.)
— Quand?
— Pendant les vacances. (L'hiver dernier.)
— Pourquoi?
— Parce que mon cousin est cinéaste. (Pour gagner de l'argent.)

6. — Tu as déjà participé à un marathon?
— Oui, j'ai déjà participé à un marathon.
(Non, je n'ai jamais participé à un marathon.)
— Où?
— À Boston. (À Paris.)
— Avec qui?
— Avec mes copains. (Avec ma soeur.)
— Quand?
— En avril. (Le mois dernier.)
— Pourquoi?
— Parce que j'aime le sport.

7. — Tu as déjà visité Disney World?
— Oui, j'ai déjà visité Disney World.
(Non, je n'ai jamais visité Disney World.)
— Où?
— En Floride, bien sûr!
— Avec qui?
— Avec mes parents. (Avec ma copine.)
— Quand?
— En juillet. (Pendant les vacances.)
— Pourquoi?
— Parce que c'est extraordinaire. (Parce que mes cousins habitent près de Disney World.)

8. — Tu as déjà assisté à un concert de rock?
— Oui, j'ai déjà assisté à un concert de rock.
(Non, je n'ai jamais assisté à un concert de rock.)
— Où?
— Dans ma ville. (À New York.)
— Avec qui?
— Avec mes copains. (Avec mon frère.)
— Quand?
— L'année dernière. (En août dernier.)
— Pourquoi?
— Parce que j'aime le rock. (Parce que mes parents m'ont donné des billets pour mon anniversaire.)

PAGE 110

13 Quel verbe?

1. comprennent
2. prend
3. prennent
4. promets
5. permets
6. mettons
7. apprenez
8. comprends

PAGE 111

14 Questions personnelles *(sample answers)*

1. Oui, quand je vais à l'école, je prends le bus. (Non, quand je vais à l'école, je ne prends pas le bus. Je prends le métro. / Je vais à l'école à pied, en voiture.) Mes copains prennent le bus aussi. (Mes copains vont à l'école à pied / en voiture.)
2. Oui, je comprends toujours quand le professeur parle français. (Non, je ne comprends pas toujours quand le professeur parle français.)
3. Oui, je comprends l'espagnol / le russe / le vietnamien. (Non, je ne comprends pas l'espagnol / le russe / le vietnamien.) Oui, mes parents comprennent l'espagnol / le russe / le vietnamien. (Non, mes parents ne comprennent pas l'espagnol / le russe / le vietnamien.)
4. Oui, j'apprends à jouer du piano / de la guitare / au tennis. (Non, je n'apprends pas à jouer du piano / de la guitare / au tennis.)
5. À l'école, j'apprends l'histoire, l'anglais et le français. (À l'école, j'apprends à jouer au basket / à taper à la machine / à chanter.)
6. Quand il fait chaud, je mets un tee-shirt et un short. Quand il fait froid, je mets un pantalon, un pull et un manteau. Quand je vais à la plage, je mets mon maillot de bain. Quand je vais à un concert, je mets un jean, une chemise et un blouson.
7. Oui, quand j'étudie, je mets la radio / la télé / une cassette. (Non, quand j'étudie, je ne mets pas la radio / la télé / de cassette.)
8. Ce soir, je vais mettre «La roue de la fortune» («The Simpsons»). (Ce soir, je ne vais pas mettre la télé.) En général, le dimanche, je mets les sports (le basket, un film).
9. Oui, je permets à mes copains d'utiliser mon vélo / mes notes de français. (Non, je ne permets pas à mes copains d'utiliser mon vélo / mes notes de français.) Oui, je permets à mon frère ou à ma soeur de regarder mon journal. (Non, je ne permets pas à mon frère ou à ma soeur de regarder mon journal.)

À votre tour!

1 Un voyage au Canada

Comment est-ce que tu as voyagé? (Comment as-tu voyagé?)
Est-ce que tu as visité Montréal ou Québec? (As-tu visité Montréal ou Québec?)
Est-ce que tu as rencontré des étudiants canadiens? (As-tu rencontré des étudiants canadiens?)
Est-ce que tu as parlé français ou anglais? (As-tu parlé français ou anglais?)
Est-ce que tu as assisté à un match de hockey? (As-tu assisté à un match de hockey?)
Est-ce que tu as acheté des souvenirs? (As-tu acheté des souvenirs?)
Qu'est-ce que tu as acheté?

2 Interviews: Hier soir *(sample answers)*

— As-tu fait tes devoirs hier soir?
— Oui, j'ai fait mes devoirs.
(Non, je n'ai pas fait mes devoirs.)

— As-tu regardé un film hier soir?
— Oui, j'ai regardé un film.
(Non, je n'ai pas regardé un film.)

— As-tu rangé ta chambre hier soir?
— Oui, j'ai rangé ma chambre.
(Non, je n'ai pas rangé ma chambre.)

— As-tu téléphoné à un copain (une copine) hier soir?
— Oui, j'ai téléphoné à un copain (une copine).
(Non, je n'ai pas téléphoné à un copain [une copine].)

— As-tu écouté tes cassettes de rock hier soir?
— Oui, j'ai écouté mes cassettes de rock.
(Non, je n'ai pas écouté mes cassettes de rock.)

3 Le weekend dernier *(sample answer)*

Samedi matin (à neuf heures et demie), j'ai téléphoné à mon amie (à mes cousins). J'ai retrouvé mon amie (mes cousins) en ville (à la campagne) à dix heures (l'après-midi). J'ai visité le musée du cinéma (une ferme) avec elle (avec eux). Nous avons acheté des posters de cinéma (des oeufs et du lait). Ensuite, le soir (à six heures), j'ai regardé la télé (un film, des dessins animés) à la maison. À sept heures et demie, j'ai dîné au restaurant (à la maison, chez mes grands-parents) avec mes parents (avec mon frère et ma soeur).

PAGE 112–113

Lecture: Dans l'ordre, s'il vous plaît!

A. Un dîner entre copains

Mon copain a fait les courses.
Ma copine a préparé le repas.
Nous avons dîné.
Après le dîner, j'ai fait la vaisselle.

B. Le concert

Hélène et Nicole ont acheté le journal.
Elles ont regardé la page des spectacles.
Elles ont choisi un concert très intéressant.
Nicole a acheté les billets.
Elles ont assisté au concert.
Pendant le concert, elles ont rencontré des copains.
Après le concert, ils ont dîné ensemble.

C. Un match de tennis

Hier après-midi, j'ai joué au tennis avec mon cousin Pascal.
Nous avons fait un match.
Pascal a perdu le premier set.
J'ai gagné le deuxième set et le match.
Nous avons fini le match à quatre heures.
Après le match, nous avons fait une promenade à vélo.

D. Une invitation

Samedi, j'ai téléphoné à Marie-Laure.
Sa soeur Françoise a répondu.
Elle a dit que Marie-Laure n'était pas à la maison.
Alors, j'ai invité Françoise au restaurant.
Elle a accepté mon invitation.
Nous avons dîné dans un restaurant japonais.

E. Les photos

J'ai cherché mon appareil-photo.
J'ai acheté une pellicule.
J'ai mis la pellicule dans l'appareil-photo.
J'ai pris des photos.
J'ai développé les photos.
J'ai mis les photos dans un album.

F. Un job d'été

L'été dernier, je n'ai pas voyagé.
J'ai cherché un job.
J'ai trouvé un job dans un supermarché.
J'ai travaillé là-bas pendant deux mois.
Avec l'argent que j'ai gagné, j'ai acheté une radiocassette.

LEÇON 7 Vidéo-scène: Les achats de Corinne

● **PAGE 115**

Compréhension

1. Samedi après-midi, Pierre et Armelle sont allés au cinéma.
2. Après, ils sont allés dans un café. Ils ont recontré Corinne.
3. Corinne a acheté un tee-shirt, des magazines et un crocodile.
4. Elle a donné le crocodile à Pierre.

● **PAGE 116**

1 Qu'est-ce qu'on voit?

1. Nous voyons la Tour Eiffel.
2. Ils voient la Statue de la Liberté.
3. Tu vois des avions.
4. Je vois des poissons.
5. Vous voyez des oiseaux et des écureuils.
6. Elle voit des lapins et des poules.
7. On voit des plantes et des fleurs.

2 Questions personnelles *(sample answers)*

1. Oui, je vois bien. Je n'ai pas besoin de lunettes. Je ne porte pas de verres de contact. (Non, je ne vois pas bien. J'ai besoin de lunettes. Je porte des verres de contact.)
2. Oui, je vois souvent mes cousins / mes grands-parents. Je vois mes cousins / mes grands-parents le weekend (pendant les vacances / le dimanche / après la classe). (Non, je ne vois pas souvent mes cousins / mes grands-parents.)
3. Oui, le weekend prochain je vais voir un film. Je vais voir le film au cinéma avec mes copains (ma soeur). Je vais voir *Runaway Bride.* (Non, le weekend prochain je ne vais pas voir un film.)

● **PAGE 117**

3 Qu'est-ce qu'ils ont fait?

1. Vous avez été dans les magasins. Vous avez fait des achats. Vous avez vu beaucoup de choses intéressantes.
2. Nous avons mis des jeans. Nous avons été à la campagne. Nous avons fait un pique-nique.
3. Les touristes ont pris un taxi. Ils ont vu l'Arc de Triomphe. Ils ont pris des photos.
4. J'ai mis mon maillot de bain. J'ai été à la piscine. J'ai pris un bain de soleil.
5. Tu as fait une promenade à vélo. Tu as eu un accident. Tu as été à l'hôpital.
6. Philippe a eu envie de sortir. Il a mis son nouveau costume. Il est allé au théâtre.

4 Conversation *(sample answers)*

1. — Tu as fait un tour en voiture?
   — Oui, j'ai fait un tour en voiture.
   (Non, je n'ai pas fait de tour en voiture.)
   — Où?
   — En ville. (À la plage. / À Québec.)
   — Quand?
   — Samedi après-midi. (Dimanche matin.)
   — Avec qui?
   — Avec mes parents. (Avec ma copine.)
   — Pourquoi?
   — Parce que j'ai eu envie d'acheter des vêtements (de nager).
2. — Tu as fait des achats?
   — Oui, j'ai fait des achats.
   (Non, je n'ai pas fait d'achats.)
   — Où?
   — Dans mon quartier. (En ville. / Au grand magasin.)
   — Quand?
   — Samedi matin. (Samedi après-midi.)
   — Avec qui?
   — Avec ma mère. (Avec mes copains.)
   — Pourquoi?
   — Parce que j'ai eu envie d'acheter des cadeaux pour l'anniversaire de mes copines (une radiocassette et des cassettes).
3. — Tu as eu un rendez-vous avec un(e) ami(e)?
   — Oui, j'ai eu un rendez-vous avec un(e) ami(e).
   (Non, je n'ai pas eu de rendez-vous avec un[e] ami[e].)
   — Où?
   — Au cinéma. (À la plage.)
   — Quand?
   — Samedi soir. (Dimanche matin.)
   — Pourquoi?
   — Parce que nous avons eu envie de voir un film (de nager).
4. — Tu as eu une bonne surprise?
   — Oui, j'ai eu une bonne surprise.
   (Non, je n'ai pas eu de bonne surprise.)
   — Quand?
   — Samedi matin. (Dimanche soir.)
   — Pourquoi?
   — Parce que mes parents m'ont donné des billets pour le concert de rock. (Parce que ma soeur a rangé ma chambre.)
5. — Tu as été à un match de basket?
   — Oui, j'ai été à un match de basket.
   (Non, je n'ai pas été à un match de basket.)
   — Où?
   — Au gymnase. (En ville.)
   — Comment?
   — À pied. (En voiture. En bus.)
   — Quand?
   — Dimanche après-midi. (Dimanche matin.)
   — Avec qui?
   — Avec mes grands-parents. (Avec mes copines.)
   — Pourquoi?
   — Parce que les Celtics ont joué. (Parce que j'aime le basket.)
6. — Tu as été en ville?
   — Oui, j'ai été en ville.
   (Non, je n'ai pas été en ville.)
   — Où?
   — À la bibliothèque. (Dans les magasins. / À la piscine.)
   — Quand?
   — Samedi. (Dimanche.)
   — Comment?
   — En voiture. (À pied. / À vélo.)
   — Avec qui?
   — Seul(e). (Avec ma copine.)
   — Pourquoi?
   — Pour étudier. (Pour acheter des vêtements. / Pour nager.)
7. — Tu as pris des photos?
   — Oui, j'ai pris des photos.
   (Non, je n'ai pas pris de photos.)
   — Où?
   — À la campagne. (Chez mes grands-parents.)
   — Quand?
   — Samedi. (Dimanche après-midi.)
   — Avec qui?
   — Avec mes cousins. (Avec ma copine.)
   — Pourquoi?
   — Parce que j'aime la nature.
8. — Tu as vu un film?
   — Oui, j'ai vu un film.
   (Non, je n'ai pas vu de film.)
   — Où?
   — Au cinéma de mon quartier. (En ville.)
   — Quand?
   — Samedi soir. (Dimanche soir.)
   — Avec qui?
   — Avec mon oncle. (Avec mes copains.)
   — Pourquoi?
   — Parce que j'aime le cinéma. (Parce que j'ai eu envie de voir ce film.)
9. — Tu as vu tes cousins?
   — Oui, j'ai vu mes cousins.
   (Non, je n'ai pas vu mes cousins.)
   — Où?
   — À la piscine. (Au stade. En ville.)
   — Quand?
   — Samedi matin. (Dimanche à deux heures.)
   — Avec qui?
   — Avec ma soeur. (Seul[e].)
   — Pourquoi?
   — Parce que nous avons eu envie de nager (de jouer au foot / de faire des achats).

10. — Tu as mis tes plus beaux vêtements?
    — Oui, j'ai mis mes plus beaux vêtements. (Non, je n'ai pas mis mes plus beaux vêtements.)
    — Quand?
    — Samedi soir. (Dimanche soir.)
    — Pourquoi?
    — Parce que je suis allé(e) à une boum (à un concert / au restaurant).
    — Avec qui?
    — Avec mon copain. (Avec ma copine.)

● **PAGE 118**

5 Un cambriolage

1. L'INSPECTEUR: Vous avez vu quelque chose?
   M. DUPONT: Non, je n'ai rien vu.
2. L'INSPECTEUR: Vous avez entendu quelqu'un?
   M. DUPONT: Non, je n'ai entendu personne.
3. L'INSPECTEUR: Vous avez entendu quelque chose?
   M. DUPONT: Non, je n'ai rien entendu.
4. L'INSPECTEUR: Vous avez parlé à quelqu'un?
   M. DUPONT: Non, je n'ai parlé à personne.
5. L'INSPECTEUR: Vous avez observé quelque chose?
   M. DUPONT: Non, je n'ai rien observé.
6. L'INSPECTEUR: Vous avez téléphoné à quelqu'un?
   M. DUPONT: Non, je n'ai téléphoné à personne.
7. L'INSPECTEUR: Vous avez fait quelque chose?
   M. DUPONT: Non, je n'ai rien fait.

● **PAGE 119**

6 Qui est allé où?

Samedi matin

1. Philippe est allé en ville.
2. Alice et Christine sont allées au stade.
3. Mélanie est allée à la plage.
4. Éric et Marc sont allés à la pêche.

Samedi soir

5. Mélanie *est* allée au cinéma.
6. Éric et Marc sont allés à un concert.
7. Alice et Christine sont allées à un rendez-vous.
8. Philippe est allé chez Corinne.

Dimanche

9. Alice et Christine sont allées à une boum.
10. Philippe est allé au restaurant.
11. Mélanie est allée à la campagne.
12. Éric et Marc sont allés au café.

● **PAGE 120**

7 Où et quoi? *(sample answers)*

Je suis allé(e) au café. J'ai rencontré des copains.
Jérôme est allé au stade. Il a vu un match de foot.
Juliette est allée chez les voisins. Elle a fait du baby-sitting.
Nous sommes allé(e)s dans un magasin de vêtements. Nous avons acheté un imper.
Vous êtes allé(e)s au ciné. Vous avez vu un film.
Monsieur Renaud est allé au centre commercial. Il a fait des achats. (Il a acheté un imper.)
Les touristes sont allés à l'aéroport. Ils ont pris l'avion.
Tu es allé(e) à la discothèque. Tu as dansé.

8 Conversation *(sample answers)*

1. — Qu'est-ce que tu as fait hier soir?
   — J'ai regardé la télé (Je suis allé(e) au ciné / J'ai fini mes devoirs).
2. — Qu'est-ce que tu as fait dimanche après-midi?
   — J'ai travaillé dans le jardin (J'ai fait une promenade à vélo / Je suis allé[e] à la plage).
3. — Qu'est-ce que tu as fait samedi soir?
   — Je suis allé(e) à une boum (J'ai préparé le dîner / Je suis allé(e) au théâtre).
4. — Qu'est-ce que tu as fait la semaine dernière?
   — J'ai été chez mes cousins (Je suis allé[e] chez mes grands-parents / J'ai rangé ma chambre).
5. — Qu'est-ce que tu as fait l'été dernier?
   — J'ai voyagé en France (Je suis allé[e] à la plage).
6. — Qu'est-ce que tu vas faire demain matin?
   — Je vais aller à la campagne (je vais visiter un musée / Je vais prendre l'avion).
7. — Qu'est-ce que tu vas faire demain soir?
   — Je vais aller à une boum (Je vais inviter mes copains / Je vais regarder la télé).
8. — Qu'est-ce que tu vas faire le weekend prochain?
   — Je vais aller à la plage (Je vais aller à la pêche).
9. — Qu'est-ce que tu vas faire le mois prochain?
   — Je vais aller en France (Je vais travailler dans un magasin / Je vais étudier l'espagnol).
10. — Qu'est-ce que tu vas faire l'été prochain?
    — Je vais aller chez mes cousins (Je vais visiter la France / Je vais travailler).

● **PAGE 121**

9 Occupations

1. — Tu as fait tes devoirs?
   — Ah non, je n'ai pas eu le temps.
   — Qu'est-ce que tu as fait alors?
   — Je suis allé(e) au ciné.

2 — Tu as rangé ta chambre?
   — Ah non, je n'ai pas eu le temps.
   — Qu'est-ce que tu as fait alors?
   — Je suis allé(e) en ville.

3. — Tu as fait les courses?
   — Ah non, je n'ai pas eu le temps.
   — Qu'est-ce que tu as fait alors?
   — Je suis allé(e) à un rendez-vous.

4. —Tu as aidé ton petit frère?
   —Ah non, je n'ai pas eu le temps.
   —Qu'est-ce que tu as fait alors?
   —Je suis allé(e) au café.
5. —Tu as rendu visite à ta grand-mère?
   —Ah non, je n'ai pas eu le temps.
   —Qu'est-ce que tu as fait alors?
   —Je suis allé(e) étudier avec ma copine. (J'ai fait un tour à vélo / J'ai rangé ma chambre.)
6. —Tu as préparé l'examen?
   —Ah non, je n'ai pas eu le temps.
   —Qu'est-ce que tu as fait alors?
   —Je suis allé(e) à une boum. (J'ai joué au tennis / Je suis allé(e) à la plage.)

À votre tour!

1 Situation: Au cinéma

—Avec qui es-tu allé(e) au cinéma?
—À quel cinéma êtes-vous allé(e)s?
—Quel film avez-vous vu?
—Qu'est-ce que vous avez fait après le film?

2 Conversation *(sample answers)*

—Où est-ce que tu es allé(e) entre midi et deux heures?
—Je suis allé(e) à la cantine (à la bibliothèque / au stade).
—Qu'est-ce que tu as fait?
—J'ai mangé (J'ai étudié / J'ai fait du jogging).

—Où est-ce que tu es allé(e) hier après la classe?
—Je suis allé(e) chez ma copine (au ciné / à la piscine).
—Qu'est-ce que tu as fait?
—J'ai fait du vélo avec elle (J'ai vu un film super / J'ai nagé).

—Où est-ce que tu es allé(e) samedi avec tes copains (copines)?
—Je suis allé(e) à une boum (au restaurant chinois / au concert).
—Qu'est-ce que tu as fait?
—J'ai dansé (J'ai mangé avec eux / J'ai entendu un concert extraordinaire).

—Où est-ce que tu es allé(e) l'été dernier?
—Je suis allé(e) en France (à Québec, chez mes cousins).
—Qu'est-ce que tu as fait?
—J'ai rencontré des jeunes Français sympathiques (J'ai parlé français/ j'ai fait beaucoup de sport).

3 Une carte postale *(sample answer)*

Ma chère . . . (Mon cher . . .),

Il a fait mauvais ce weekend. Je ne suis pas allé(e) au stade. J'ai invité mes copains et mes copines. Nous avons organisé une petite boum. Nous avons fait les courses. Ensuite, nous avons préparé des sandwichs et des gâteaux. Nous avons choisi des cassettes de rock. À huit heures, nous avons mangé et nous avons dansé.

Je t'embrasse,
. . .

● PAGE 122

Lecture: Quatre amies

1. Béatrice
2. Ariane
3. Michèle
4. Florence

Solution

a. Les filles numéros 1, 2 et 4 ont dépensé de l'argent. La fille numéro 3 n'a rien dépensé. C'est Michèle.
b. Les filles numéros 1 et 4 aiment la cuisine italienne. Ariane, qui n'aime pas la cuisine italienne, est donc la fille numéro 2.
c. La fille numéro 4 qui a dîné avec ses parents ne peut pas être Béatrice parce que les parents de Béatrice sont divorcés. C'est donc Florence.
d. Béatrice est la fille numéro 1.

LEÇON 8 Vidéo-scène: Tu es sorti?

● PAGE 125

Compréhension

1. La scène se passe chez les Duval.
2. Monsieur Duval est impatient parce que Pierre n'est pas encore rentré.
3. Il demande quand Pierre est parti.
4. Il demande à Pierre s'il a oublié son examen de maths.
5. Pierre répond qu'il a passé l'examen la semaine dernière et qu' il a reçu la meilleure note de la classe.
6. Il montre le crocodile à son père.
7. Après, ils passent à la salle à manger.

● PAGE 126

1 Questions personnelles *(sample answers)*

1. En général, je pars à l'école à sept heures et demie (huit heures moins le quart, huit heures).
2. Ce matin, je suis parti(e) à huit heures moins vingt (sept heures et demie, sept heures vingt).

3. En général, mes parents partent de la maison avant (après) moi.
4. Oui, je vais partir en vacances cet été. Je vais partir en France (au Canada, dans le Maine). (Non, je ne vais pas partir en vacances cet été.)
5. Oui, je suis parti(e) en vacances l'été dernier. Je suis allé(e) en Espagne (à la campagne, au Mexique). (Non, je ne suis pas parti[e] en vacances l'été dernier.)
6. Oui, je sors souvent le weekend. Je sors avec mon copain (ma copine, mes amis, mes parents). (Non, je ne sors pas souvent le weekend.)
7. Oui, je suis sorti(e) le weekend dernier. Je suis allé(e) au cinéma (au stade, au concert, à la piscine). (Non, je ne suis pas sorti[e] le weekend dernier.)
8. Oui, en général, je dors bien. Je dors huit heures (huit heures et demie, neuf heures). (Non, en général, je ne dors pas bien. Je dors six heures.)
9. La nuit dernière, j'ai dormi sept heures (dix heures, douze heures).

● **PAGE 127**

2 Qui est sorti?

1. Nous ne sommes pas sorti(e)s.
2. Elles sont sorties.
3. Vous êtes sorti(e)(s).
4. Elle n'est pas sortie.
5. Il n'est pas sorti.
6. Tu es sorti(e).
7. Je ne suis pas sorti(e).
8. Ils sont sortis.
9. Vous n'êtes pas sorti(e)(s).
10. Ils sont sortis.

● **PAGE 128**

3 Un weekend à Paris

1. Nous sommes arrivés à Paris à neuf heures.
2. Mes copains sont montés à la Tour Eiffel.
3. Catherine est descendue dans le métro.
4. Vous êtes passé(e)(s) par l'Arc de Triomphe.
5. Éric est resté une heure dans un café.
6. Nathalie est venue au Musée d'Orsay avec nous.
7. Isabelle et Christine sont sorties avec des copains.
8. Je suis rentré(e) à l'hôtel en taxi.
9. Nous sommes parti(e)s dimanche soir.

● **PAGE 129**

4 Oui ou non?

1. Il n'est pas parti en vacances.
2. Claire n'est pas sortie.
3. Ils sont arrivés à l'heure à l'aéroport. (Ils ne sont pas arrivés à l'heure à l'aéroport.)
4. Elle n'est pas venue chez nous.
5. Vous êtes passé(e)(s) à la bibliothèque.
6. Ils sont rentrés à pied.
7. Il n'est pas descendu pour le dîner.
8. Elle est tombée dans les escaliers.

5 Un séjour à Paris

1. Elle est arrivée à Paris mercredi (le 18 juin).
2. Elle est partie de Paris samedi (le 21 juin).
3. Elle est restée quatre jours à Paris.
4. Elle est arrivée en train.
5. Elle est partie en avion.
6. Elle est restée à l'hôtel Esmeralda.
7. Elle est montée à la Tour Eiffel vendredi (le 20 juin).
8. Elle a visité le Louvre mercredi (le 18 juin). Elle a aussi visité le Musée Picasso.
9. Elle a fait des achats vendredi (le 20 juin). Elle est allée au Bon Marché. Elle a acheté un pantalon et deux chemises. Elle a dépensé 60 euros.
10. Le premier jour, elle a dîné à l'Hippopotame.
11. Le deuxième jour, elle a dîné avec Claudine.
12. Elle a dîné avec Marc vendredi (le 20 juin). Ils sont allés à la discothèque.

6 Conversation

1. —Est-ce que tu es allé(e) au Tibet?
   —Oui, je suis allé(e) au Tibet.
   (Non, je ne suis pas allé[e] au Tibet.)
2. —Est-ce que tu as visité Beijing?
   —Oui, j'ai visité Beijing.
   (Non, je n'ai pas visité Beijing.)
3. —Est-ce que tu es monté(e) dans un hélicoptère?
   —Oui, je suis monté(e) dans un hélicoptère.
   (Non, je ne suis pas monté[e] dans un hélicoptère.)
4. —Est-ce que tu as fait un voyage en ballon?
   —Oui, j'ai fait un voyage en ballon.
   (Non, je n'ai pas fait de voyage en ballon.)
5. —Est-ce que tu es descendu(e) dans un sous-marin?
   —Oui, je suis descendu(e) dans un sous-marin.
   (Non, je ne suis pas descendu[e] dans un sous-marin.)
6. —Est-ce que tu as vu les pyramides d'Égypte?
   —Oui, j'ai vu les pyramides d'Égypte.
   (Non, je n'ai pas vu les pyramides d'Égypte.)
7. —Est-ce que tu as dîné dans un restaurant japonais?
   —Oui, j'ai dîné dans un restaurant japonais.
   (Non, je n'ai pas dîné dans un restaurant japonais.)
8. —Est-ce que tu es sorti(e) avec une personne célèbre?
   —Oui, je suis sorti(e) avec une personne célèbre.
   (Non, je ne suis pas sorti[e] avec une personne célèbre.)

PAGE 130

7 Le 14 juillet

1. Nous sommes sorti(e)s avec nos copains.
2. Paul a regardé le défilé sur les Champs-Élysées.
3. Marc a écouté la musique militaire.
4. Vous êtes allé(e)(s) au concert public.
5. Hélène et Alice ont fait une promenade à pied.
6. Tu as acheté des souvenirs.
7. Nous avons vu le feu d'artifice.
8. Mes copains ont dansé dans la rue.
9. Je suis rentré(e) très tard.

8 Qu'est-ce que tu as fait?

1. — Qu'est-ce que tu as fait hier après-midi?
   — Je suis allé(e) en ville.
   — Tu as fait des achats?
   — Non, j'ai vu un film.
2. — Qu'est-ce que tu as fait hier soir?
   — Je suis resté(e) chez moi.
   — Tu as regardé la télé?
   — Non, j'ai fait mes devoirs.
3. — Qu'est-ce que tu as fait dimanche matin?
   — Je suis allé(e) chez ma grand-mère.
   — Tu es rentré(e) en bus?
   — Non, j'ai pris un taxi.
4. — Qu'est-ce que tu as fait le weekend dernier?
   — Je suis parti(e) à la campagne.
   — Tu as déjeuné dans un bon restaurant?
   — Non, j'ai fait un pique-nique.
5. — Qu'est-ce que tu as fait l'été dernier?
   — J'ai visité Paris.
   — Tu es monté(e) à la Tour Eiffel?
   — Non, j'ai eu le vertige.
6. — Qu'est-ce que tu as fait pendant les vacances?
   — Je suis allé(e) dans l'Arizona.
   — Tu es descendu(e) dans le Grand Canyon?
   — Non, j'ai été trop fatigué(e).

9 Une lettre

Cher Frédéric,

Le weekend dernier, je suis allée chez ma cousine Nathalie qui habite à Versailles. Nous avons joué au ping-pong, et après nous sommes sorties. Nous avons pris le bus et nous sommes allées en ville pour faire des achats. Nous avons rencontré des copains et nous sommes allées au café avec eux. Nous sommes restés une heure là-bas. Après, nous sommes partis et nous sommes allés dans un restaurant italien où nous avons mangé une excellente pizza. Ensuite, nous sommes allés au cinéma où nous avons vu un western. Nathalie est restée en ville, mais moi, j'ai pris le bus et je suis rentrée chez moi.

Je t'embrasse,
Véronique

(sample letter)

Chère Sophie,

Le weekend dernier, je suis allée au cinéma avec une copine. Nous avons vu le film *For the Love of the Game.* Après le film, nous sommes allées au restaurant. Nous avons mangé des sandwichs et un gâteau au chocolat délicieux. Ensuite, nous avons pris le bus et ma copine a passé la nuit chez moi.

Je t'embrasse,
Linda

PAGE 131

10 Quand?

1. Annette a téléphoné il y a une semaine.
2. Isabelle a organisé une boum il y a dix jours.
3. Pauline est partie en Italie il y a deux jours.
4. Christine a téléphoné il y a deux heures.
5. Thomas est rentré de Québec il y a cinq jours.
6. Jérôme est venu il y a deux jours.

À votre tour!

1 Situtation: Lundi matin *(sample answers)*

— Est-ce que tu es sorti(e) samedi soir?
— Oui, je suis sorti(e) samedi soir.
— Où es-tu allé(e) et qu'est-ce que tu as fait?
— Je suis allé(e) au cinéma et j'ai vu un film.
— À quelle heure es-tu rentré(e) chez toi?
— Je suis rentré(e) chez moi à dix heures.
— Est-ce que tu es resté(e) chez toi le dimanche?
— Oui, je suis resté(e) chez moi le dimanche. (Non, je suis allé[e] rendre visite à mon copain. Nous avons joué au basket.)

2 Racontez une histoire *(sample answers)*

Ensuite, (je suis allé[e] au cinéma. Philippe est rentré chez lui pour étudier. J'ai vu un film ennuyeux et je n'ai pas été content[e]. Je suis sorti[e] du cinéma avant la fin du film. J'ai acheté un magazine et j'ai pris le bus pour rentrer chez moi).

Samedi matin, nous (avons préparé des sandwichs et des boissons. Nous sommes partis à vélo. Nous avons fait un tour dans la campagne. À midi, nous avons fait un pique-nique près d'un lac. Ensuite, nous avons nagé dans le lac).

Ensuite, (je suis descendu[e] au rez-de-chaussée. J'ai écouté et j'ai entendu ce bruit. J'ai eu peur. J'ai allumé la lumière et j'ai compris la solution du mystère: je n'ai pas fermé la porte quand je suis allé[e] dormir).

Nous sommes partis le (3 juillet) et nous (sommes allés dans le Vermont. Nous avons fait du camping près d'une ferme. Nous avons vu beaucoup d'animaux. Les gens de la ferme ont été très gentils. Ensuite, le 10 juillet, nous sommes partis et nous sommes allés au Canada, près de Québec. Là, nous avons visité la ville. Nous avons parlé français tout le temps. Nous sommes restés là-bas cinq jours. Puis nous sommes rentrés chez nous).

● PAGE 132

Lecture: Ici tout va bien!

Vrai ou faux?

1. C'est vrai!
2. C'est faux!
3. C'est vrai!
4. C'est vrai!
5. C'est faux!
6. C'est faux!
7. C'est vrai!
8. C'est faux!

INTERLUDE 2 Camping de Printemps

● PAGE 135

Avez-vous compris?

1. Il veut utiliser sa nouvelle tente de camping et il va faire beau ce weekend.
2. Ils veulent aller en Normandie. Non, ce n'est pas loin.
3. Ils vont prendre leurs scooters.

● PAGE 136

Avez-vous compris?

1. Les garçons ont déjeuné à midi.
2. Ils ont décidé de s'arrêter vers six heures.
3. Le bord de la rivière n'est pas l'endroit idéal parce qu'il y a beaucoup de moustiques.

● PAGE 137

Avez-vous compris?

1. Il y a un grand taureau dans la prairie.
2. Il n'y a pas de taureau et pas de moustiques.
3. Ils ont mangé un excellent dîner. Vincent a joué de la guitare et ils ont chanté.

● PAGE 139

Avez-vous compris?

1. Vincent a vu des lueurs dans le ciel.
2. Parce qu'ils ont fait du camping dans un terrain militaire.
3. La pancarte dit qu'il y a des manoeuvres de printemps et qu'il est dangereux d'entrer.

● PAGE 138–139

Exercice de lecture

le porte-bagages luggage rack
la journée day
une nouvelle news

Cognate pattern: -ant ↔ *-ing*
amusant amusing
intéressant interesting

Cognate pattern: -ment ↔ *-ly*
complètement completely
brusquement brusquely

Cognate pattern: -é ↔ *s-*
un état state
étudier study

Cognate pattern: -x ↔ *-ce*
une choix choice
un prix price

UNITÉ 3 Bon appétit!

LEÇON 9 Le français pratique: La nourriture et les boissons

● PAGE 145

1 Et vous? *(sample answers)*

1. Mon repas préféré est (le dîner).
2. Pendant la semaine, je déjeune (à la cantine).
3. En général, nous dînons (entre six heures et sept heures).
4. En semaine, je prends mon petit déjeuner (avec toute ma famille).
5. Le weekend, je préfère déjeuner (dans un fast-food avec mes copains).
6. La nourriture de la cantine de l'école est (assez bonne).
7. Je préfère la nourriture (italienne).
8. Quand je dois aider avec le repas, je préfère (mettre la table).

2 Quels ustensiles?

1. Pour la soupe, j'ai besoin d'une cuillère (d'une assiette).
2. Pour le beurre, j'ai besoin d'un couteau.
3. Pour le café, j'ai besoin d'une tasse (d'une cuillère).
4. Pour la glace, j'ai besoin d'une cuillère.
5. Pour le thé, j'ai besoin d'une tasse (d'une cuillère).
6. Pour la viande, j'ai besoin d'un couteau et d'une fourchette (d'une assiette).
7. Pour les spaghetti, j'ai besoin d'une fourchette (d'une cuillère / d'une assiette).
8. Pour la limonade, j'ai besoin d'un verre.

● PAGE 147

3 S'il vous plaît!

1. S'il vous plaît, donnez-moi un croissant!
2. S'il vous plaît, donnez-moi un thé!
3. S'il vous plaît, donnez-moi un thé glacé!
4. S'il vous plaît, donnez-moi un sandwich au jambon!
5. S'il vous plaît, donnez-moi un sandwich au fromage!
6. S'il vous plaît, donnez-moi un croque-monsieur!
7. S'il vous plaît, donnez-moi une glace à la vanille!
8. S'il vous plaît, donnez-moi une salade verte!
9. S'il vous plaît, donnez-moi une salade de tomates!
10. S'il vous plaît, donnez-moi un yaourt!
11. S'il vous plaît, donnez-moi une omelette aux champignons!

4 Au «Balto» *(sample answers)*

A

— Je voudrais un sandwich.
— Donnez-moi (un sandwich au jambon), s'il vous plaît.
— Je voudrais (un Gini).
— L'addition, s'il vous plaît.
— Est-ce que le service est compris?

B

— Est-ce que vous avez (Avez-vous) des glaces?
— Je voudrais une glace à la vanille (à la fraise, à la framboise, au chocolat, au café), s'il vous plaît.
— Donnez-moi un thé glacé, s'il vous plaît.
— Donnez-moi une limonade (un café, un chocolat, un thé, un soda, une eau minérale), s'il vous plaît.

● PAGE 149

5 Préférences personnelles

1. (J'adore) la soupe.
   ([Je n'aime pas tellement] la soupe.)
2. (J'adore) le poulet.
   ([Je n'aime pas tellement] le poulet.)
3. (J'adore) l'eau minérale.
   ([Je n'aime pas tellement] l'eau minérale.)
4. (J'adore) le fromage.
   ([Je n'aime pas tellement] le fromage.)
5. (J'adore) les céréales.
   ([Je n'aime pas tellement] les cérérales.)
6. (J'adore) les oeufs sur le plat.
   ([Je n'aime pas tellement] les oeufs sur le plat.)
7. (J'adore) le riz.
   ([Je n'aime pas tellement] le riz.)
8. (J'adore) la glace.
   ([Je n'aime pas tellement] la glace.)
9. (J'adore) le gâteau.
   ([Je n'aime pas tellement] le gâteau.)

6 S'il vous plaît

1. — S'il te plaît, passe-moi le beurre.
   — Tiens. Voilà le beurre.
   — Merci.
2. — S'il te plaît, passe-moi la confiture.
   — Tiens. Voilà la confiture.
   — Merci.
3. — S'il te plaît, passe-moi le pain.
   — Tiens. Voilà le pain.
   — Merci.

4. — S'il te plaît, passe-moi le poivre.
   — Tiens. Voilà le poivre.
   — Merci.
5. — S'il te plaît, passe-moi la salade.
   — Tiens. Voilà la salade.
   — Merci.
6. — S'il te plaît, passe-moi le fromage.
   — Tiens. Voilà le fromage.
   — Merci.
7. — S'il te plaît, passe-moi la tarte.
   — Tiens. Voilà la tarte.
   — Merci.
8. — S'il te plaît, passe-moi l'eau.
   — Tiens. Voilà l'eau.
   — Merci.
9. — S'il te plaît, passe-moi le sucre.
   — Tiens. Voilà le sucre.
   — Merci.

7 Invités

1. — Tu préfères le saumon ou le thon?
   — Je préfère le saumon.
   (Je préfère le thon.)
2. — Tu préfères le jambon ou le rosbif?
   — Je préfère le jambon.
   (Je préfère le rosbif.)
3. — Tu préfères le poulet ou le veau?
   — Je préfère le poulet.
   (Je préfère le veau.)
4. — Tu préfères les oeufs sur le plat ou les oeufs brouillés?
   — Je préfère les oeufs sur le plat.
   (Je préfère les oeufs brouillés.)
5. — Tu préfères les spaghetti ou les frites?
   — Je préfère les spaghetti.
   (Je préfère les frites.)
6. — Tu préfères le fromage ou le yaourt?
   — Je préfère le fromage.
   (Je préfère le yaourt.)
7. — Tu préfères le gâteau au chocolat ou le gâteau à l'orange?
   — Je préfère le gâteau au chocolat.
   (Je préfère le gâteau à l'orange.)
8. — Tu préfères la glace au café ou la glace à la vanille?
   — Je préfère la glace au café.
   (Je préfère la glace à la vanille.)

8 Et les autres? *(sample answers)*

Mon copain aime beaucoup les frites.
Ma copine n'aime pas tellement la glace.
Mon père déteste le yaourt.
Ma mère aime beaucoup le café.
Mon chien n'aime pas tellement le lait.
Mon chat déteste le fromage.

PAGE 151

9 Les courses *(sample answers)*

1. Je vais acheter des tomates.
2. Je vais acheter (des pamplemousses / des oranges / des bananes / des pommes / des poires / des fraises / des cerises).
3. Je vais acheter (une salade / des tomates / des carottes / des haricots verts / des petits pois).
4. Je vais acheter des pommes (des poires / des fraises / des cerises).
5. Je vais acheter des légumes et des fruits.

10 Au marché *(sample answers)*

— Je voudrais un kilo de carottes (une livre de haricots).
— Donnez-moi aussi deux pamplemousses et un kilo de cerises.
— Oui, c'est tout. Ça fait combien?
— Voilà.
— Au revoir. (Au revoir, monsieur).

11 Qu'est-ce que vous préférez?

1. Je préfère un pamplemousse (une orange).
2. Je préfère une pomme (une poire). Je préfère des cerises (des fraises).
3. Je préfère des haricots verts (des petits pois).
4. Je préfère des pommes de terre (des carottes).
5. Je préfère une salade de tomates (une salade de concombre).
6. Je préfère une tarte aux pommes (une tarte aux poires).
7. Je préfère une glace à la vanille (une glace à la fraise).

PAGE 152

Au Jour Le Jour

Déjeuner à Québec

LE MENU
Les omelettes
1. Il y a dix omelettes différentes au menu.
2. Mon omelette favorite est l'omelette paysanne (l'omelette nature). Elle coûte 6,50.
3. Dans une omelette espagnole, il y a des tomates pelées, des poivrons et des oignons. Dans une omelette western, il y a du jambon, des pommes de terre et des oignons.
4. Il y a des tomates dans l'omelette espagnole, l'omelette niçoise et l'omelette provençale. Il y a des pommes de terre dans l'omelette paysanne et l'omelette western. Il y a des oignons dans l'omelette espagnole, l'omelette lyonnaise, l'omelette paysanne et l'omelette western.

Les salades et les plats divers
1. Je vais prendre une salade (une soupe). J'ai choisi la salade maison (la soupe à l'oignon gratinée).
2. À Québec, on dit «hambourgeois».
3. Si j'ai très faim, je vais choisir (l'omelette paysanne et la soupe aux pois).
4. Si je n'ai pas très faim, je vais commander (une salade César).

Les crêpes et les desserts
1. À Québec, on dit «la crème glacée».
2. Il y a (des fraises et de la crème glacée).
3. J'ai choisi (la mousse au chocolat). Son ingrédient principal est (le chocolat).

Les boissons
1. À Québec, on dit «breuvage».
2. J'ai choisi (un jus de pomme).

UN REPAS COMPLET *(sample answers)*

J'ai choisi (l'omelette espagnole et la tarte aux pommes).
Mon repas coûte (9,50).
J'ai choisi (la salade maison, la soupe aux pois, le gâteau au fromage et le jus de pomme).
Mon repas coûte (11,25).

LEÇON 10 Vidéo-scène: Au supermarché

UNITÉ 3

● PAGE 155

Compréhension

1. Ils vont au supermarché.
2. Au rayon boulangerie, ils achètent du pain (deux baguettes).
3. Au rayon charcuterie, ils achètent du jambon.
4. Ils achètent de la limonade.
5. Demain ils vont faire un pique-nique.

● PAGE 157

1 Le dîner

1. Nous voulons dîner en ville.
2. Olivier veut rester à la maison.
3. Tu veux manger un steak.
4. Vous voulez commander une pizza.
5. Je veux aller dans un restaurant vietnamien.
6. Jérôme et Patrick veulent faire un pique-nique.
7. Isabelle veut dîner à huit heures.
8. David et François veulent dîner à sept heures.

2 C'est impossible!

1. Nous ne pouvons pas faire une promenade à la campagne.
2. Je ne peux pas nager.
3. Il ne peut pas manger de steak.
4. Tu ne peux pas manger de spaghetti.
5. Nous ne pouvons pas étudier.
6. Elle ne peut pas aller en France.
7. Ils ne peuvent pas prendre de photos.
8. Vous ne pouvez pas faire du ski.

3 Que doivent-ils faire?

1. Je dois aller dans un restaurant mexicain.
2. Tu dois aller dans un fast-food.
3. Il doit faire des exercices.
4. Ils doivent aller au marché (faire les courses).
5. Vous devez étudier.
6. Nous devons trouver un job.

● PAGE 159

4 Pique-nique

1. — Tu as faim?
— Oh là là, oui, j'ai faim.
— Tu veux du poulet?
— Oui, donne-moi du poulet, s'il te plaît.
2. — Tu as soif?
— Oh là là, oui, j'ai soif.
— Tu veux de l'eau minérale?
— Oui, donne-moi de l'eau minérale, s'il te plaît.
3. — Tu as soif?
— Oh là là, oui, j'ai soif.
— Tu veux du jus d'orange?
— Oui, donne-moi du jus d'orange, s'il te plaît.
4. — Tu as faim?
— Oh là là, oui, j'ai faim.
— Tu veux de la glace?
— Oui, donne-moi de la glace, s'il te plaît.
5. — Tu as faim?
— Oh là là, oui, j'ai faim.
— Tu veux du jambon?
— Oui, donne-moi du jambon, s'il te plaît.
6. — Tu as soif?
— Oh là là, oui, j'ai soif.
— Tu veux du thé glacé?
— Oui, donne-moi du thé glacé, s'il te plaît.
7. — Tu as soif?
— Oh là là, oui, j'ai soif.
— Tu veux du jus de pomme?
— Oui, donne-moi du jus de pomme, s'il te plaît.

8. —Tu as faim?
   —Oh là là, oui, j'ai faim.
   —Tu veux du pain et du fromage?
   —Oui, donne-moi du pain et du fromage, s'il te plaît.

5 Une invitation

1. —Tu veux de la soupe ou du melon?
   —Je voudrais de la soupe (du melon).
2. —Tu veux du saucisson ou du jambon?
   —Je voudrais du saucisson (du jambon).
3. —Tu veux du poisson ou de la viande?
   —Je voudrais du poisson (de la viande).
4. —Tu veux du rosbif ou du poulet?
   —Je voudrais du rosbif (du poulet).
5. —Tu veux du saumon ou de la sole?
   —Je voudrais du saumon (de la sole).
6. —Tu veux du ketchup ou de la mayonnaise?
   —Je voudrais du ketchup (de la mayonnaise).
7. —Tu veux du beurre ou de la margarine?
   —Je voudrais du beurre (de la margarine).
8. —Tu veux du fromage ou du yaourt?
   —Je voudrais du fromage (du yaourt).
9. —Tu veux du gâteau ou de la glace?
   —Je voudrais du gâteau (de la glace).
10. — Tu veux du jus d'orange ou de l'eau minérale?
    —Je voudrais du jus d'orange (de l'eau minérale).

6 Au «Petit Vatel»

1. —Je voudrais du poivre, s'il vous plaît.
   —Voilà du poivre, monsieur (mademoiselle).
2. —Je voudrais de l'eau minérale, s'il vous plaît.
   —Voilà de l'eau minérale, monsieur (mademoiselle).
3. —Je voudrais du fromage, s'il vous plaît.
   —Voilà du fromage, monsieur (mademoiselle).
4. —Je voudrais de la salade, s'il vous plaît.
   —Voilà de la salade, monsieur (mademoiselle).
5. —Je voudrais du sucre, s'il vous plaît.
   —Voilà du sucre, monsieur (mademoiselle).
6. —Je voudrais de la tarte, s'il vous plaît.
   —Voilà de la tarte, monsieur (mademoiselle).
7. —Je voudrais du thé, s'il vous plaît.
   —Voilà du thé, monsieur (mademoiselle).

● PAGE 160

7 Au café

1. — Qu'est-ce que vous désirez avec votre steak?
   —Je voudrais des frites.
   —Voulez-vous aussi de la salade?
   —Merci, pas de salade.
2. — Qu'est-ce que vous désirez dans votre café?
   —Je voudrais du lait.
   —Voulez-vous aussi du sucre?
   —Merci, pas de sucre.
3. — Qu'est-ce que vous désirez sur votre pizza?
   —Je voudrais des olives.
   —Voulez-vous aussi du saucisson?
   —Merci, pas de saucisson.
4. — Qu'est-ce que vous désirez dans votre sandwich?
   —Je voudrais du jambon.
   —Voulez-vous aussi du beurre?
   —Merci, pas de beurre.
5. — Qu'est-ce que vous désirez sur votre gâteau?
   —Je voudrais de la crème.
   —Voulez-vous aussi du chocolat?
   —Merci, pas de chocolat.
6. — Qu'est-ce que vous désirez sur votre salade?
   —Je voudrais de la mayonnaise.
   —Voulez-vous aussi du poivre?
   —Merci, pas de poivre.

8 Un végétarien

1. Oui, il a mangé du thon. (Non, il n'a pas mangé de thon.)
2. Non, il n'a pas mangé de rosbif.
3. Non, il n'a pas mangé de veau.
4. Oui, il a mangé du riz.
5. Non, il n'a pas mangé de jambon.
6. Non, il n'a pas mangé de porc.
7. Oui, il a mangé de la glace.
8. Oui, il a mangé du gâteau.

● PAGE 161

9 Les courses

Elle a acheté du riz.
Elle n'a pas acheté de sel.
Elle n'a pas acheté de poivre.
Elle n'a pas acheté de sucre.
Elle a acheté du céleri.
Elle a acheté du jus d'orange.
Elle a acheté de la margarine.
Elle n'a pas acheté de ketchup.
Elle a acheté de la confiture.
Elle a acheté du beurre.
Elle n'a pas acheté de lait.
Elle a acheté de l'eau minérale.
Elle n'a pas acheté de glace.
Elle n'a pas acheté de café.

À votre tour!

1 Les repas d'hier *(sample answers)*

Petit déjeuner: du café, du thé, du lait, du sucre, du jus d'orange, du jus de pamplemousse, du jus de pomme, du pain, des croissants, de la confiture, du beurre, de la margarine, des céréales, des oeufs . . .

Déjeuner: un hamburger, du poulet, de la viande, du rosbif, du jambon, du porc, du poisson, du thon, de la sole, des oeufs, de la salade, du fromage, des petits pois, des carottes, des haricots verts, du riz, des pommes de terre, des frites, des spaghetti, de la pizza, de l'eau minérale, du soda, du jus de fruit, du lait, de l'eau, de la tarte, du fromage, du yaourt, de la glace, du gâteau . . .

2 Invitation *(sample answers)*

- du poulet, du riz, des haricots verts, du lait et de la tarte
- Est-ce que tu manges du poulet (du riz, des haricots verts, du fromage, de la tarte)?

● PAGE 163

Lecture: Histoire de chien

Vrai ou faux?

1. C'est faux!
2. C'est vrai!
3. C'est vrai!
4. C'est faux!
5. C'est vrai!
6. C'est vrai!

LEÇON 11 Vidéo-scène: Jérôme invite ses copains

UNITÉ 3

● PAGE 165

Compréhension

1. Jérôme est le frère de Pierre.
2. Il habite un appartement en ville.
3. Ce soir, il est allé au cinéma avec ses copains. Après, ils sont allés chez les parents de Jérôme.
4. Les amis boivent de la limonade.
5. Ils mettent du jambon dans leurs sandwichs.
6. Ensuite, ils mangent des yaourts.
7. Après le repas, Bernard et Cécile partent. Jérôme reste chez ses parents.

● PAGE 166

1 Nous avons soif! *(sample answers)*

1. À la boum, tu bois du thé glacé (de la limonade, du jus d'orange, du soda).
2. Au petit déjeuner, je bois du jus d'orange (du thé, du café, du jus de pamplemousse, du lait).
3. Au pique-nique, nous buvons de l'eau (du lait, du thé glacé, du jus de pomme).
4. À la cantine de l'école, vous buvez du lait (de l'eau, de l'eau minérale, du jus d'orange).
5. Chez nous, nous buvons du jus d'orange (de l'eau, du jus de pomme).
6. Les personnes qui veulent maigrir boivent de l'eau minérale (de l'eau, du thé, du thé glacé).
7. Ma copine boit du jus d'orange (du citron pressé, du café au lait).
8. Mes grands-parents boivent de l'eau (du café, du thé).
9. Quand il fait chaud, on boit de la limonade (du thé glacé, de l'eau, de l'eau minérale).
10. Quand il fait froid, on boit du thé (du café, du chocolat chaud).

● PAGE 167

2 Substitutions

1. Tu amènes des copains à la boum.
   François amène des copains à la boum.
   Cécile et Christine amènent des copains à la boum.
2. J'envoie une carte au professeur.
   Ma copine envoie une carte au professeur.
   Les élèves envoient une carte au professeur.
3. Le professeur espère aller à Montréal cet été.
   Tu espères aller à Montréal cet été.
   Mes parents espèrent aller à Montréal cet été.
4. Je nettoie le jardin.
   Marc nettoie le jardin.
   Nous nettoyons le jardin.

3 Questions personnelles *(sample answers)*

1. Avec mon argent, j'achète des livres, des cassettes, des compacts, des vêtements, des cadeaux pour mes copains, des billets pour assister à des concerts et à des matchs de sport.
2. Quand je vais au restaurant avec des copains, en général je paie (ils paient, nous payons ensemble). Quand je vais au restaurant avec ma famille, en général mes parents paient.
3. Ce weekend, j'espère aller au cinéma (jouer au tennis, faire un tour à vélo, finir mes devoirs, acheter des vêtements). Cet été, j'espère voyager (faire du camping, aller au Canada, trouver un job et travailler, gagner de l'argent). Après le lycée, j'espère aller à l'université (trouver un job, voyager en Europe).
4. Oui, quand je vais à une boum, j'amène des copains. (Non, quand je vais à une boum, je n'amène pas de copains). J'amène le fils de mes

voisins (ma copine de classe). À la dernière boum, j'ai amené mon amie Sylvie et mon copain Pierre. À la prochaine boum, je vais amener ma cousine Louisa et mon cousin Jean.

5. Oui, quand je suis en vacances, j'envoie des cartes postales. (Non, quand je suis en vacances, je n'envoie pas de cartes postales.) J'envoie des cartes postales à mes copains (à mes copines, à mes parents, à mon prof, à mes grands-parents).
6. Chez moi, ma soeur nettoie (je nettoie, mes parents nettoient) le garage. Mon père nettoie (je nettoie, nous nettoyons ensemble) la cuisine. Ma mère nettoie (ma soeur nettoie) le salon. Je nettoie (ma mère nettoie) ma chambre.

● **PAGE 168**

4 Activités

1. JÉRÔME: Qu'est-ce que tu as fait hier?
   ARMELLE: J'ai déjeuné en ville.
   JÉRÔME: Ah bon? Qu'est-ce que tu as mangé?
   ARMELLE: J'ai mangé de la soupe et du poulet.
2. JÉRÔME: Qu'est-ce que tu as fait hier?
   ARMELLE: Je suis allée à un pique-nique.
   JÉRÔME: Ah bon? Qu'est-ce que tu as apporté?
   ARMELLE: J'ai apporté de l'eau minérale et du jus d'orange.
3. JÉRÔME: Qu'est-ce que tu as fait hier?
   ARMELLE: J'ai dîné chez une copine.
   JÉRÔME: Ah bon? Qu'est-ce que tu as mangé?
   ARMELLE: J'ai mangé du rosbif et de la salade.
4. JÉRÔME: Qu'est-ce que tu as fait hier?
   ARMELLE: J'ai dîné dans un restaurant japonais.
   JÉRÔME: Ah bon? Qu'est-ce que tu as commandé?
   ARMELLE: J'ai commandé du poisson et du riz.

● **PAGE 169**

5 Quand on aime quelque chose . . .

1. Philippe aime la salade. Alors, il a mangé de la salade.
2. Claire aime la sole. Alors, elle a commandé de la sole.
3. Madame Brochet aime le poisson. Alors, elle a acheté du poisson.
4. Marc aime l'eau minérale. Alors, il a bu de l'eau minérale.
5. Sylvie aime la confiture. Alors, elle a pris de la confiture.
6. Mademoiselle Lafontaine aime l'eau. Alors, elle a pris de l'eau.
7. Véronique aime le fromage. Alors, elle a acheté du fromage.
8. Madame Jarret aime le rosbif. Alors, elle a commandé du rosbif.

● **PAGE 170**

6 À la cantine

1. Guillaume mange du fromage, de la soupe et un sandwich. Il boit de l'eau.
2. Frédéric mange du poisson, des petits pois et une orange. Il boit du jus de tomate.
3. Caroline mange du rosbif (un steak), des haricots verts et une poire. Elle boit du lait.
4. Delphine mange du poulet, de la salade et une pomme. Elle boit du thé.

7 Expression personnelle *(sample answers)*

1. J'aime le poulet (le poisson, le rosbif, les frites, la pizza, les spaghetti, les fraises, le jus d'orange, la limonade).
2. Je n'aime pas les haricots verts (les olives, le melon, le café, les poires).
3. Mon dessert préféré est la glace à la vanille (la tarte aux pommes, le gâteau au chocolat, les fraises, le yaourt).
4. À la cantine de l'école, il y a souvent de la salade (des frites, des fruits, du poisson, des spaghetti, du lait, du jus de pomme).
5. Il n'y a pas souvent de fraises (de pizza, de porc, de melon, de jus de pamplemousse, de fromage).
6. Ce matin, au petit déjeuner, j'ai bu du lait (du thé, du jus d'orange, du jus de pomme).
7. Hier soir, j'ai mangé du poulet et des carottes (de la pizza et de la salade, du poisson et du riz, des spaghetti).
8. Dans notre réfrigérateur, il y a du lait (du beurre, de la margarine, des yaourts, du jus d'orange, du jus de pomme, de la salade, des tomates, des carottes, des pommes, des fraises, du fromage, du jambon, du pâté, du thon, des olives).
9. Le jour de mon anniversaire, je voudrais manger du rosbif avec des frites et de la tarte aux fraises (du poisson avec du riz et un gâteau au chocolat, de la sole avec des petits pois et de la glace à la fraise).

● **PAGE 171**

8 Au «Relais Régal»

Je vais choisir le menu touristique à 15 euros.
Comme hors-d'oeuvre, il y a de la soupe à l'oignon ou du melon.
Comme plat principal, il y a du poulet et de la salade.
Comme dessert, il y a de la glace.
Comme boisson, il y a du café.

Je vais choisir le menu régal à 20 euros.
Comme hors-d'oeuvre, il y a de la salade de tomates ou du saucisson.
Comme plat principal, il y a du rôti de boeuf, de la salade et du fromage.

Comme dessert, il y a de la tarte aux pommes.
Comme boisson, il y a du café ou du thé.

Je vais choisir le menu gastronomique à 200 francs.
Comme hors-d'oeuvre, il y a du jambon ou du saumon fumé.
Comme plat principal, il y a du rôti de porc ou de la sole meunière. Il y a aussi de la salade et du fromage.
Comme dessert, il y a du gâteau au chocolat.
Comme boisson, il y a de l'eau minérale et du café.

À votre tour!

1 Une invitation à dîner

À quelle heure est-ce que tu dînes?
Est-ce que tu manges de la viande?
Quelle viande est-ce que tu préfères?
Est-ce que tu aimes les légumes?
Quels légumes est-ce que tu préfères?
Est-ce que tu préfères le gâteau ou la glace?
Qu'est-ce que tu bois?

2 Un client difficile *(sample answer)*

— Bonjour monsieur (mademoiselle). Est-ce que tu veux de la soupe à l'oignon?
— Non, je n'aime pas la soupe à l'oignon.
— Est-ce que tu veux du rosbif?
— Non, je n'aime pas le rosbif.
— Est-ce que tu veux du porc?
— Non, je n'aime pas le porc.
— Est-ce que tu veux de la salade?
— Non, je n'aime pas la salade.

3 Un repas familial

Chez nous, nous mangeons du rosbif et des pommes de terre. Aussi, nous aimons des légumes comme des haricots verts et des carottes. Je n'aime pas tellement les carottes. Nous buvons du lait, mais ma mère boit du thé. Comme dessert il y a souvent du gâteau. J'adore le gâteau!

● PAGES 172–173

Lecture: Nourriture et langage

1. J'ai vu un mauvais film.
2. Tu ne dis pas la vérité.
3. Je n'ai pas d'argent.
4. Mon oncle a beaucoup de travail.
5. C'est difficile.
6. Occupe-toi de tes affaires.

LEÇON 12 Vidéo-scène: L'addition, s'il vous plaît!

● PAGE 175

Compréhension

1. Aujourd'hui, c'est dimanche.
2. Jérôme et ses copains ont mangé tout ce que Pierre a acheté pour le pique-nique.
3. Jérôme veut lui donner de l'argent pour faire les courses.
4. Cette solution ne marche pas parce que c'est dimanche et le supermarché est fermé.
5. Jérôme ne propose pas d'autre solution. Pierre propose que Jérôme invite les trois amis au restaurant. (Il propose d'aller au restaurant.)
6. Parce que le repas au restaurant coûte cher.

● PAGE 177

1 Les courses

1. OLIVIER: Est-ce que je dois acheter des poires?
   SA MÈRE: Oui, achète un kilo de poires.
2. OLIVIER: Est-ce que je dois acheter du lait?
   SA MÈRE: Oui, achète deux litres de lait.
3. OLIVIER: Est-ce que je dois acheter des fraises?
   SA MÈRE: Oui, achète une livre de fraises.
4. OLIVIER: Est-ce que je dois acheter des oeufs?
   SA MÈRE: Oui, achète une douzaine d'oeufs.
5. OLIVIER: Est-ce que je dois acheter de la margarine?
   SA MÈRE: Oui, achète un pot de margarine.
6. OLIVIER: Est-ce que je dois acheter du fromage?
   SA MÈRE: Oui, achète un grand morceau de fromage.
7. OLIVIER: Est-ce que je dois acheter du jambon?
   SA MÈRE: Oui, achète trois tranches de jambon.
8. OLIVIER: Est-ce que je dois acheter des enveloppes?
   SA MÈRE: Oui, achète un paquet d'enveloppes.
9. OLIVIER: Est-ce que je dois acheter de la limonade?
   SA MÈRE: Oui, achète une bouteille de limonade.
10. OLIVIER: Est-ce que je dois acheter du thon?
    SA MÈRE: Oui, achète deux boîtes de thon.

2 Les courses de Monsieur Finbec *(sample answers)*

1. D'abord, Monsieur Finbec est passé à la crémerie. Là, il a acheté deux bouteilles (trois litres) de lait, une livre (un paquet) de beurre, un pot de yaourt

et un morceau (deux morceaux) de fromage.
2. Après, il est passé chez le marchand de fruits et légumes. Il a acheté un kilo (deux kilos, une livre) de pommes, une livre (un kilo, deux kilos) de tomates et un sac (une livre, un kilo) d'oranges.
3. Ensuite, il est allé à l'épicerie où il a acheté deux boîtes (une boîte, trois boîtes) de thon, un paquet (deux paquets) de café, trois bouteilles (deux litres, une bouteille) d'eau minérale et cinq tranches (deux tranches, une tranche, une livre) de jambon.
4. Finalement, il est passé à la papeterie où il a acheté un paquet (deux paquets) d'enveloppes.

PAGE 179

3 Réponses personnelles *(sample answers)*

1. Oui, j'ai beaucoup (assez, peu) de copains sympathiques.
   (Non, je n'ai pas beaucoup [assez] de copains sympathiques.)
2. Oui, j'ai beaucoup (peu, assez) de profs intéressants.
   (Non, je n'ai pas beaucoup [assez] de profs intéressants.)
3. Oui, j'ai assez (beaucoup, peu) de vacances.
   (Non, je n'ai pas beaucoup [assez] de vacances.)
4. Oui, j'ai trop (beaucoup, peu) d'examens.
   (Non, je n'ai pas trop [beaucoup, assez] d'examens.)
5. Oui, je mange beaucoup (trop, assez) de pain.
   (Non, je ne mange pas beaucoup [trop, assez] de pain.)
6. Oui, je bois beaucoup (peu, assez) de lait.
   (Non, je ne bois pas assez [beaucoup] de lait.)
7. Oui, je fais assez (peu, beaucoup, trop) d'exercices.
   (Non, je ne fais pas beaucoup [assez] d'exercices.)
8. Oui, je fais beaucoup (peu) de progrès en français.
   (Non, je ne fais pas assez [beaucoup] de progrès en français.)

4 Conversation *(sample answers)*

1. — Est-ce que tu travailles?
   — Je travaille trop (peu, beaucoup).
   (Je ne travaille pas assez [beaucoup].)
2. — Est-ce que tu téléphones?
   — Je téléphone beaucoup (trop, peu).
   (Je ne téléphone pas beaucoup.)
3. — Est-ce que tu regardes la télé?
   — Je regarde peu (trop, beaucoup) la télé.
   (Je ne regarde pas trop [beaucoup] la télé.)
4. — Est-ce que tu sors le weekend?
   — Je sors beaucoup (trop, peu) le weekend.
   (Je ne sors pas beaucoup [trop] le weekend.)
5. — Est-ce que tu dors?
   — Je dors trop (peu, beaucoup).
   (Je ne dors pas assez [beaucoup].)
6. — Est-ce que tu voyages?
   — Je voyage peu (beaucoup).
   (Je ne voyage pas assez [beaucoup].)
7. — Est-ce que tu écoutes la radio?
   — J'écoute trop (peu, beaucoup) la radio.
   (Je n'écoute pas trop [beaucoup] la radio.)
8. — Est-ce que tu sors?
   — Je sors beaucoup (trop, assez).
   (Je ne sors pas beaucoup [trop, assez].)

5 Au pique-nique

1. — Tu veux un autre sandwich?
   — Oui, merci, donne-moi un autre sandwich.
   (Non, merci, je n'ai pas faim.)
2. — Tu veux une autre tranche de pizza?
   — Oui, merci, donne-moi une autre tranche de pizza.
   (Non, merci, je n'ai pas faim.)
3. — Tu veux un autre morceau de fromage?
   — Oui, merci, donne-moi un autre morceau de fromage.
   (Non, merci, je n'ai pas faim.)
4. — Tu veux une autre pomme?
   — Oui, merci, donne-moi une autre pomme.
   (Non, merci, je n'ai pas faim.)
5. — Tu veux un autre verre de limonade?
   — Oui, merci, donne-moi un autre verre de limonade.
   (Non, merci, je n'ai pas soif.)
6. — Tu veux un autre paquet de chips?
   — Oui, merci, donne-moi un autre paquet de chips.
   (Non, merci, je n'ai pas faim.)

PAGE 180

6 La gourmandise

1. Valérie a mangé tout le fromage.
2. Frédéric a fini tous les gâteaux.
3. Sophie a bu tout le jus d'orange.
4. Jean-Claude a pris toute la tarte.
5. Juliette a mangé toutes les fraises.
6. Éric a bu toute l'orangeade.
7. Delphine a pris toutes les cerises.
8. Marc a fini tous les desserts.

7 Quand? *(sample answers)*

1. Je regarde la télé tous les soirs (tous les weekends, tous les samedis).
2. Je fais mon lit tous les matins (tous les jours).
3. Je range ma chambre tous les jours (tous les weekends).
4. Je vais au cinéma toutes les semaines (tous les mois, tous les vendredis).
5. Je vais en ville tous les mercredis (tous les weekends, toutes les semaines).

6. Je vais au restaurant tous les dimanches (tous les mois).
7. Mon père (ma mère) fait les courses tous les mardis (tous les weekends, tous les jours).
8. Le professeur donne un examen tous les jours (toutes les semaines, tous les mois).

● PAGE 181

8 Oui ou non?

1. Pour être en bonne santé, il faut faire des exercices.
   Il ne faut pas fumer.
   Il ne faut pas manger trop de viande.
2. Pour avoir des amis, il faut être généreux.
   Il ne faut pas être égoïste.
   Il ne faut pas être intolérant.
3. Pour être heureux, il ne faut pas être pessimiste.
   Il faut avoir des amis sympathiques.
   Il faut (Il ne faut pas) avoir beaucoup d'argent.
4. Quand on est pressé, il ne faut pas aller à pied.
   Il faut prendre un taxi.
   Il faut (Il ne faut pas) prendre le bus.
5. Quand on est en classe, il faut écouter le professeur.
   Il ne faut pas dormir.
   Il ne faut pas mâcher du chewing-gum.
6. Quand on est invité à dîner, il faut être poli avec tout le monde.
   Il ne faut pas manger tous les plats.
   Il faut remercier l'hôtesse.

À votre tour!

1 Le pique-nique *(sample answers)*

cinq boîtes de thon
deux kilos de tomates
des olives
du céleri
un pot de mayonnaise
du pain
un kilo de fraises
deux melons
trois bouteilles de jus de pomme (d'eau minérale)
deux litres de soda

INTERLUDE 3 Quatre surprises

● PAGE 184

Avez-vous compris?

1. Paul et David sont deux étudiants américains. Nathalie est la copine (correspondante française) de la soeur de Paul.
2. Nathalie invite les deux garçons à déjeuner.
3. Nathalie habite une chambre d'étudiante au 125, rue de Sèvres, au sixième étage.

● PAGE 185

Avez-vous compris?

1. Paul et David sont allés chez Nathalie le 8 juillet.
2. Ils ont monté les escaliers.
3. La première surprise est que Nathalie n'est pas chez elle, mais elle a laissé une note avec des clés.

● PAGE 186

Avez-vous compris?

1. L'appartement est très moderne et très confortable.
2. Il y a du saumon fumé, du poulet rôti avec de la mayonnaise, une salade, des fromages et un gâteau au chocolat. Ils pensent que le repas est merveilleux.
3. Ils n'ont pas répondu au téléphone parce qu'ils dormaient.

● PAGE 187

Avez-vous compris?

1. Ce n'est pas Nathalie. C'est une dame très élégante. Elle est surprise de voir Paul et David chez elle.
2. La troisième surprise est qu'ils ne sont pas au sixième étage.
3. Elle a preparé le repas pour des amis qui viennent passer la journée à Paris.

● PAGE 188

Avez-vous compris?

1. Nathalie habite à l'étage supérieur.
2. La quatrième surprise est que Nathalie a invité les garçons pour la semaine prochaine. «Mardi en huit» signifie le mardi de la semaine prochaine.
3. Ils ont déjà trop mangé.

L'art de la lecture

● PAGE 189

Exercice de lecture

mardi en huit means a week from Tuesday
à bientôt means see you soon
être de retour means to be back

faites comme chez vous means make yourself at home

Cognate pattern: -^ ↔ ***-s-***
une fôret forest
un poulet rôti roast chicken

Cognate pattern: -(vowel) ↔ *-te*
absolu absolute
favori favorite

Cognate pattern: -té ↔ *-ty*
la société society
l'autorité authority

Cognate pattern: -eur ↔ *-or*
un inspecteur inspector
un réfrigérateur refrigerator

UNITÉ 4 Les loisirs et les spectacles

LEÇON 13 Le français pratique: Allons au spectacle

● **PAGE 195**

1 Conversation *(sample answers)*

1. — Qui est ton actrice favorite?
   — C'est Julia Roberts.
2. — Qui est ta chanteuse favorite?
   — C'est Jewel.
3. — Qui est ton chanteur favori?
   — C'est Beck.
4. — Quel est ton orchestre favori?
   — C'est le Boston Symphony Orchestra.
5. — Quel est ton groupe favori?
   — C'est les Backstreet Boys.
6. — Quelle est ta chanson favorite?
   — C'est «All Star».
7. — Qui est ton joueur de basket favori?
   — C'est Shaquille O'Neal.
8. — Qui est ta joueuse de tennis favorite?
   — C'est Venus Williams.
9. — Qui est ton joueur de baseball favori?
   — C'est Mark McGwire.
10. — Qui est ton joueur de football favori?
    — C'est Drew Bledsoe.
11. — Quelle est ton équipe de baseball favorite?
    — C'est l'équipe des L.A. Dodgers. (Ce sont les Dodgers.)
12. — Quelle est ton équipe de basket favorite?
    — C'est l'équipe des Lakers. (Ce sont les Lakers.)

2 Combien de fois? *(sample answers)*

Je vais au cinéma une ou deux fois par mois. (Je vais au cinéma une fois par semaine.)

Je ne vais pratiquement jamais au théâtre. (Je vais au théâtre une ou deux fois par an.)

Je vais au concert plusieurs fois par an. (Je ne vais pratiquement jamais au concert.)

Je vais au musée une fois par semaine. (Je vais au musée une ou deux fois par an.)

Je ne vais pratiquement jamais au stade. (Je vais au stade une fois par semaine.)

3 Questions personnelles *(sample answers)*

1. Oui, il y a un cinéma dans le quartier où j'habite. (Non, il n'y a pas de cinéma dans le quartier où j'habite.) Il s'appelle le «Studio».
2. Oui, je suis allé(e) au cinéma récemment. (Non, je ne suis pas allé(e) au cinéma récemment.) Je suis allé(e) au cinéma de mon quartier. J'ai vu *Sixth Sense*. Bruce Willis joue dans ce film. Il joue assez bien. (Il joue mal.) Il a joué aussi dans *Armageddon*.
3. Oui, je vais souvent au concert. (Non, je ne vais pas souvent au concert.) Je préfère la musique classique (le rap, le rock).
4. Oui, je joue dans un orchestre (dans un groupe musical). (Non, je ne joue pas dans un orchestre [dans un groupe musical].) Il s'appelle «Cool age».
5. Oui, il y a un club de théâtre à mon école. (Non, il n'y a pas de club de théâtre à mon école.) Récemment, on a joué «Rhinocéros» d'Ionesco.
6. Oui, j'ai joué dans une pièce de théâtre (dans une comédie musicale). (Non, je n'ai pas joué dans une pièce de théâtre [dans une comédie musicale].) J'ai joué le rôle de Dorothy dans «The Wizard of Oz».
7. Oui, je joue dans une équipe de basket (de baseball, de football). (Non, je ne joue pas dans une équipe.)
8. Oui, je suis allé(e) à une exposition récemment. (Non, je ne suis pas allé[e] à une exposition récemment.) Je suis allé(e) au Musée des Sciences. J'ai vu une exposition sur les ordinateurs.
9. Oui, il y a un musée dans ma ville (dans ma région). (Non, il n'y a pas de musée dans ma ville.) Il s'appelle le Musée des Sciences (le Musée des Beaux Arts). C'est un musée scientifique (un musée de beaux arts).

● **PAGE 197**

4 Au cinéma *(sample answer)*

VOUS: Est-ce que tu veux aller au Palace?
PARTENAIRE: Quel film est-ce qu'on joue? (Qu'est-ce qu'on joue?)
VOUS: On joue «Les Extra-terrestres contre-attaquent».
PARTENAIRE: Quelle sorte de film est-ce? (Quel genre de film est-ce?)
VOUS: C'est un film de science-fiction.
PARTENAIRE: Combien coûtent les billets? (Combien coûtent les places?)
VOUS: Ils (Elles) coûtent 8€.
PARTENAIRE: À quelle heure commence le film?
VOUS: Il commence à sept heures et demie (à 19 heures 30).
PARTENAIRE: Je veux bien. (Je ne peux pas. Je dois aider ma mère.)

UNITÉ 4

● PAGE 198

5 Invitations *(sample answers)*

1. — Qu'est-ce que tu fais dimanche?
 — Je suis libre.
 — Tu veux voir un film avec moi?
 — Oui, avec plaisir. Quel film?
 — *Les aventures des Cybernautes.*
 — Où?
 — Au Cyrano.
 — D'accord!
 — Alors, à dimanche.
2. — Qu'est-ce que tu fais lundi soir?
 — Je suis libre.
 — Tu veux voir une pièce de théâtre avec moi?
 — Oui, avec plaisir. Quelle pièce?
 — «Romeo et Juliette».
 — Où?
 — Au Théâtre Français.
 — D'accord!
 — Alors, à lundi soir.
3. — Qu'est-ce que tu fais mardi soir?
 — Je suis libre.
 — Tu veux aller au concert avec moi?
 — Oui, avec plaisir. Quel concert?
 — Le concert de Manu Chao.
 — Où?
 — À l'Olympia.
 — D'accord!
 — Alors, à mardi soir.
4. — Qu'est-ce que tu fais mercredi après-midi?
 — Je suis libre.
 — Tu veux voir une exposition avec moi?
 — Oui, avec plaisir. Quelle exposition?
 — L'exposition de Cézanne.
 — Où?
 — Au Musée d'Orsay.
 — D'accord!
 — Alors, à mercredi après-midi.
5. — Qu'est-ce que tu fais demain?
 — Je suis libre.
 — Tu veux assister à un match de football avec moi?
 — Oui, avec plaisir. Quel match?
 — France-Italie.
 — Où?
 — Au Parc des Princes.
 — D'accord!
 — Alors, à demain.
6. *Answer will vary.*

● PAGE 199

6 Situations

1. ISABELLE: Allô, Jean-Paul? C'est Isabelle. Est-ce que tu veux aller au concert de rock avec moi?
 JEAN-PAUL: Quand?
 ISABELLE: Samedi.
 JEAN-PAUL: Oui, volontiers (avec plaisir / d'accord)!
2. CHRISTOPHE: Dis, Juliette, est-ce que tu veux sortir avec moi samedi?
 JULIETTE: Je regrette (Je suis désolée / Je voudrais bien), Christophe, mais je suis occupée. Mais je suis libre dimanche.
 CHRISTOPHE: Tu veux aller dans un restaurant japonais?
 JULIETTE: Oui, avec plaisir (volontiers / d'accord)!
3. MARC: Sandrine, est-ce que tu veux aller au cinéma lundi avec moi?
 SANDRINE: Je regrette (Je suis désolée / Je voudrais bien), mais je dois travailler.
 MARC: Alors, est-ce que tu veux aller au théâtre jeudi?
 SANDRINE: Je te remercie, mais j'ai d'autres projets.
 MARC: Ah, je suis désolé! Au revoir, Sandrine.
 SANDRINE: Au revoir, Marc.

● PAGE 200–201

Au Jour Le Jour

Au concert en France

1. Un concert est annoncé sur cette affiche.
2. La chanteuse s'appelle Lauryn Hill. Oui, je la connais. (Non, je ne la connais pas.) Elle est américaine.
3. Le concert a lieu au Zénith.
4. Le concert a lieu le 23 octobre.
5. La séance est à 20 heures 30.
6. On peut téléphoner au numéro 47.42.25.49.

Quelques grands succès du cinéma

1. f	6. h
2. i	7. b
3. c	8. e
4. a	9. j
5. g	10. d

LEÇON 14 Vidéo-scène: Un petit service

PAGE 203

Compréhension

1. Pierre veut aller au concert avec Armelle, mais il n'a pas assez d'argent pour les billets.
2. Il demande à Jérôme de lui prêter de l'argent.
3. Jérome a prêté 100 francs (± 15 euros) à Pierre la semaine dernière.
4. Aujourd'hui Pierre veut 200 francs (± 30 euros).
5. Jérôme lui donne 100 francs (± 15 euros).

PAGE 205

1 Conversation

1. — Tu m'invites au concert, d'accord?
   — D'accord, je t'invite au concert.
2. — Tu me téléphones ce soir, d'accord?
   — D'accord, je te téléphone ce soir.
3. — Tu m'aides à faire le problème de maths, d'accord?
   — D'accord, je t'aide à faire le problème de maths.
4. — Tu me passes tes notes de français, d'accord?
   — D'accord, je te passe mes notes de français.
5. — Tu m'attends après la classe, d'accord?
   — D'accord, je t'attends après la classe.
6. — Tu m'amènes au musée, d'accord?
   — D'accord, je t'amène au musée.
7. — Tu me rends visite ce weekend, d'accord?
   — D'accord, je te rends visite ce weekend.
8. — Tu m'apportes un sandwich, d'accord?
   — D'accord, je t'apporte un sandwich.

2 Mes amis et moi *(sample answers)*

- Mes cousins ne me rendent pas visite ce soir.
- Ma soeur m'écoute quand je parle à mes parents.
- Mes voisins m'invitent au ciné.

3 Pas de problème!

1. Pas de problème! Marc nous apporte des sandwichs.
2. Pas de problème! Céline vous prête ses cassettes.
3. Pas de problème! Pauline me montre ses notes.
4. Pas de problème! Nicolas te prête son appareil-photo.
5. Pas de problème! Sa cousine me donne son numéro de téléphone.
6. Pas de problème! Thomas nous donne l'adresse de son copain français.
7. Pas de problème! Philippe vous rend vos livres.
8. Pas de problème! Vincent te rend ton vélo.
9. Pas de problème! Sophie te présente à ses amis.

PAGE 206

4 Emprunts

1. — S'il te plaît, prête-moi <u>tes cassettes</u>.
   — Pourquoi?
   — Je voudrais <u>faire une boum</u>.
   — Bon, d'accord! Voilà mes cassettes.
2. — S'il te plaît, prête-moi <u>ta batte</u>.
   — Pourquoi?
   — Je voudrais <u>jouer au baseball</u>.
   — Bon, d'accord! Voilà ma batte.
3. — S'il te plaît, prête-moi <u>ton livre</u>.
   — Pourquoi?
   — Je voudrais <u>étudier</u>.
   — Bon, d'accord! Voilà mon livre.
4. — S'il te plaît, prête-moi <u>4 euros.</u>
   — Pourquoi?
   — Je voudrais <u>acheter un magazine.</u>
   — Bon, d'accord! Voilà 4 euros.
5. — S'il te plaît, prête-moi <u>8 euros.</u>
   — Pourquoi?
   — Je voudrais <u>aller au cinéma.</u>
   — Bon, d'accord! Voilà 8 euros.
6. — S'il te plaît, prête-moi <u>20 euros.</u>
   — Pourquoi?
   — Je voudrais <u>acheter un cadeau pour l'anniversaire d'un copain.</u>
   — Bon, d'accord! Voilà 20 euros.

5 S'il te plaît *(sample answers)*

1. S'il te plaît, apporte-moi (donne-moi) un sandwich.
2. S'il te plaît, donne-moi son numéro de téléphone.
3. S'il te plaît, rends-moi (apporte-moi / donne-moi) mon livre de français.
4. S'il te plaît, montre-moi où est le supermarché.
5. S'il te plaît, prête-moi (donne-moi) dix euros.
6. S'il te plaît, prête-moi (apporte-moi) ta radiocassette.
7. S'il te plaît, montre-moi où est la gare.
8. S'il te plaît, donne-moi son adresse.

PAGE 207

6 Un voyage à Québec

1. S'il vous plaît, monsieur, aidez-moi avec les bagages / montrez-moi la ville / amenez-moi à mon hôtel.
2. S'il vous plaît, monsieur (madame / mademoiselle), montrez-moi ma chambre / prêtez-moi un plan de Québec / donnez-moi l'adresse d'un bon restaurant.
3. S'il vous plaît, monsieur, montrez-moi le menu / donnez-moi de l'eau / apportez-moi une glace.
4. S'il vous plaît, madame (mademoiselle), apportez-moi le menu / montrez-moi les spécialités / donnez-moi l'addition.

7 Non, merci!

1. — Je t'invite demain soir?
   — Non, ne m'invite pas demain soir. Je dîne chez mes cousins.
2. — Je t'attends après la classe?
   — Non, ne m'attends pas après la classe. Je dois aller chez le dentiste.
3. — Je te rends visite ce weekend?
   — Non, ne me rends pas visite ce weekend. Je ne suis pas chez moi.
4. — Je te prête mes cassettes?
   — Non, ne me prête pas tes cassettes. Je n'ai pas de walkman.
5. — Je t'invite ce weekend?
   — Non, ne m'invite pas ce weekend. Je dois étudier.
6. — Je t'apporte un sandwich?
   — Non, ne m'apporte pas de sandwich. Je n'ai pas faim.

● **PAGE 208**

8 Prête-moi . . .

1. — S'il te plaît, prête-moi ton vélo.
   — D'accord, je vais te prêter mon vélo.
   (Non, je ne vais pas te prêter mon vélo.)
2. — S'il te plaît, prête-moi tes cassettes.
   — D'accord, je vais te prêter mes cassettes.
   (Non, je ne vais pas te prêter mes cassettes.)
3. — S'il te plaît, prête-moi ton appareil-photo.
   — D'accord, je vais te prêter mon appareil-photo.
   (Non, je ne vais pas te prêter mon appareil-photo.)
4. — S'il te plaît, prête-moi ta radio.
   — D'accord, je vais te prêter ma radio.
   (Non, je ne vais pas te prêter ma radio.)
5. — S'il te plaît, prête-moi ton livre.
   — D'accord, je vais te prêter mon livre.
   (Non, je ne vais pas te prêter mon livre.)
6. — S'il te plaît, prête-moi ton walkman.
   — D'accord, je vais te prêter mon walkman.
   (Non, je ne vais pas te prêter mon walkman.)
7. — S'il te plaît, prête-moi tes chaussures.
   — D'accord, je vais te prêter mes chaussures.
   (Non, je ne vais pas te prêter mes chaussures.)

9 Désolé!

1. — Dis, invite-moi ce weekend, s'il te plaît.
   — Désolé(e), mais je ne peux pas t'inviter ce weekend.
   — Ah bon? Pourquoi?
   — Je vais aller à la campagne.
2. — Dis, donne-moi l'adresse de Pauline, s'il te plaît.
   — Désolé(e), mais je ne peux pas te donner l'adresse de Pauline (son adresse).
   — Ah bon? Pourquoi?
   — Je ne sais pas où elle habite.
3. — Dis, amène-moi au concert, s'il te plaît.
   — Désolé(e), mais je ne peux pas t'amener au concert.
   — Ah bon? Pourquoi?
   — Je n'ai pas de voiture.
4. — Dis, montre-moi tes photos, s'il te plaît.
   — Désolé(e), mais je ne peux pas te montrer mes photos.
   — Ah bon? Pourquoi?
   — Je n'ai pas mon album.
5. — Dis, achète-moi un sandwich, s'il te plaît.
   — Désolé(e), mais je ne peux pas t'acheter un sandwich.
   — Ah bon? Pourquoi?
   — Je suis fauché(e).
6. — Dis, aide-moi à faire le problème de maths, s'il te plaît.
   — Désolé(e), mais je ne peux pas t'aider à faire le problème de maths.
   — Ah bon? Pourquoi?
   — Je n'ai pas compris.

● **PAGE 209**

À votre tour!

1 Échanges *(sample answer)*

— Dis, Clara, prête-moi ton vélo, s'il te plaît!
— D'accord, je te prête mon vélo si tu m'aides à faire le problème de maths.
— Écoute, je ne peux pas t'aider à faire le problème de maths, mais je peux te montrer mes notes.
— Bon, d'accord.

2 À Québec *(sample answers)*

- — Dis, montre-moi le Vieux Québec (ton école).
  — D'accord, je vais te montrer le Vieux Québec (mon école) ce soir (samedi après-midi).
- — Dis, amène-moi au concert (au match de hockey).
  — D'accord, je vais t'amener au concert (au match de hockey) demain (dimanche).
- — Dis, prête-moi ton vélo (ton appareil-photo).
  — D'accord, je vais te prêter mon vélo (mon appareil-photo) ce soir (vendredi).

● **PAGE 210–211**

Lecture: Le courrier du coeur

- Chère Désolée
  Vous avez tort . . .
- Cher Désespéré
  Qui est le plus timide? . . .
- Chère Allergique
  Soyez honnête . . .

PAGE 213

Compréhension

1. Après le concert, Pierre et Armelle vont dans un magasin de disques.
2. Armelle veut acheter le dernier CD de Mano negra.
3. Elle ne peut pas l'acheter parce que le magasin a vendu le dernier CD ce matin.
4. Le vendeur lui propose un autre CD de ce groupe.
5. Oui, elle l'achète.
6. Elle lui propose d'aller écouter le CD chez elle.

PAGE 215

1 Dix ans après

1. Florence reconnaît ses copains.
2. Nous reconnaissons le prof d'anglais.
3. Vous reconnaissez la directrice.
4. Je reconnais la bibliothèque.
5. Tu reconnais le gymnase.
6. Mes copains reconnaissent la cantine.

2 Tu connais?

1. —Tu connais cette ville?
   — Oui, c'est Paris.
   (Non, je ne connais pas cette ville.)
2. —Tu connais cette cathédrale?
   — Oui, c'est Notre Dame.
   (Non, je ne connais pas cette cathédrale.)
3. —Tu connais cette personne?
   — Oui, c'est Astérix.
   (Non, je ne connais pas cette personne.)
4. —Tu connais ce drapeau?
   — Oui, c'est le drapeau français.
   (Non, je ne connais pas ce drapeau.)
5. —Tu connais ce drapeau?
   — Oui, c'est le drapeau canadien.
   (Non, je ne connais pas ce drapeau.)
6. —Tu connais ce chanteur?
   — Oui, c'est Will Smith.
   (Non, je ne connais pas ce chanteur.)
7. —Tu connais cette chanteuse?
   — Oui, c'est Alanis Morrissette.
   (Non, je ne connais pas cette chanteuse.)

PAGE 216

3 Le bon choix

1. Oui, je <u>les</u> connais. Ce sont des copains.
2. Oui, je <u>l'</u>invite. C'est une bonne copine.
3. Oui, je <u>l'</u>aide. Elle a beaucoup de travail.
4. Oui, je <u>les</u> écoute. Ils sont excellents.
5. Oui, je <u>la</u> connais. Elle est très drôle.
6. Oui, je <u>le</u> regarde. Il est amusant.
7. Oui, je <u>l'</u>achète. Elle n'est pas trop chère.
8. Oui, je <u>les</u> vends. J'ai besoin d'argent.
9. Oui, je <u>l'</u>attends. Il arrive dans cinq minutes.
10. Oui, je <u>la</u> mets. Il fait froid!

PAGE 217

4 Un pique-nique

1. —Tu prends ton frisbee?
   — Oui, je le prends. (Non, je ne le prends pas.)
2. —Tu prends ta radiocassette?
   — Oui, je la prends. (Non, je ne la prends pas.)
3. —Tu prends tes cassettes?
   — Oui, je les prends. (Non, je ne les prends pas.)
4. —Tu prends ta raquette de tennis?
   — Oui, je la prends. (Non, je ne la prends pas.)
5. —Tu prends ton vélo?
   — Oui, je le prends. (Non, je ne le prends pas.)
6. —Tu prends tes livres?
   — Oui, je les prends. (Non, je ne les prends pas.)
7. —Tu prends ton walkman?
   — Oui, je le prends. (Non, je ne le prends pas.)
8. —Tu prends ton blazer?
   — Oui, je le prends. (Non, je ne le prends pas.)

PAGE 218

5 Conversation

1. — Est-ce que tu regardes les matchs de foot à la télé?
   — Oui, je les regarde.
   (Non, je ne les regarde pas.)
2. — Est-ce que tu écoutes tes cassettes?
   — Oui, je les écoute.
   (Non, je ne les écoute pas.)
3. — Est-ce que tu invites souvent ton copain chez toi?
   — Oui, je l'invite souvent chez moi.
   (Non, je ne l'invite pas souvent chez moi.)
4. — Est-ce que tu aides ta mère à la maison?
   — Oui, je l'aide à la maison.
   (Non, je ne l'aide pas à la maison.)
5. — Est-ce que tu connais bien tes voisins?
   — Oui, je les connais bien.
   (Non, je ne les connais pas bien.)
6. — Est-ce que tu étudies tes leçons le dimanche?
   — Oui, je les étudie le dimanche.
   (Non, je ne les étudie pas le dimanche.)
7. — Est-ce que tu vois souvent tes cousins?
   — Oui, je les vois souvent.
   (Non, je ne les vois pas souvent.)

8. — Est-ce que tu vois tes grands-parents le weekend?
   — Oui, je les vois le weekend.
   (Non, je ne les vois pas le weekend.)
9. — Est-ce que tu aimes les films d'aventures?
   — Oui, je les aime (beaucoup).
   (Non, je ne les aime pas.)
10. — Est-ce que tu aimes la musique rock?
    — Oui, je l'aime (beaucoup).
    (Non, je ne l'aime pas.)

6 À Paris

1. — On visite la Cité des Sciences?
   — Oui, visitons-la!
2. — On prend le métro?
   — Oui, prenons-le!
3. — On achète le plan de Paris?
   — Oui, achetons-le!
4. — On achète ces affiches?
   — Oui, achetons-les!
5. — On visite cette église?
   — Oui, visitons-la!
6. — On invite nos copains français?
   — Oui, invitons-les!

7 Décisions

1. Alors, achetons-les!
2. Alors, ne l'achetons pas!
3. Alors, ne la regardons pas!
4. Alors, regardons-le!
5. Alors, invitons-la!
6. Alors, ne l'invitons pas!
7. Alors, ne l'attendons pas!
8. Alors, attendons-le!

8 Pas maintenant!

1. JEAN-PAUL: Quand est-ce que tu vas voir l'exposition Matisse?
   CHRISTINE: Je vais la voir dimanche.
2. JEAN-PAUL: Quand est-ce que tu vas voir le nouveau film de Will Smith?
   CHRISTINE: Je vais le voir vendredi soir.
3. JEAN-PAUL: Quand est-ce que tu vas écouter la nouvelle cassette de Céline Dion?
   CHRISTINE: Je vais l'écouter ce soir.
4. JEAN-PAUL: Quand est-ce que tu vas acheter les billets pour le concert?
   CHRISTINE: Je vais les acheter demain.
5. JEAN-PAUL: Quand est-ce que tu vas rencontrer ton cousin Philippe?
   CHRISTINE: Je vais le rencontrer la semaine prochaine.
6. JEAN-PAUL: Quand est-ce que tu vas inviter tes copains?
   CHRISTINE: Je vais les inviter le weekend prochain.

● PAGE 219

9 Hier soir

1. — Tu as écouté la radio?
   — Oui, je l'ai écoutée.
   (Non, je ne l'ai pas écoutée.)
2. — Tu as écouté tes cassettes?
   — Oui, je les ai écoutées.
   (Non, je ne les ai pas écoutées.)
3. — Tu as aidé tes parents?
   — Oui, je les ai aidés.
   (Non, je ne les ai pas aidés.)
4. — Tu as rangé ta chambre?
   — Oui, je l'ai rangée.
   (Non, je ne l'ai pas rangée.)
5. — Tu as appris la leçon de français?
   — Oui, je l'ai apprise.
   (Non, je ne l'ai pas apprise.)
6. — Tu as fait la vaisselle?
   — Oui, je l'ai faite.
   (Non, je ne l'ai pas faite.)
7. — Tu as fait tes devoirs?
   — Oui, je les ai faits.
   (Non, je ne les ai pas faits.)
8. — Tu as mis la télé?
   — Oui, je l'ai mise.
   (Non, je ne l'ai pas mise.)
9. — Tu as fait ton lit?
   — Oui, je l'ai fait.
   (Non, je ne l'ai pas fait.)
10. — Tu as mis la table?
    — Oui, je l'ai mise.
    (Non, je ne l'ai pas mise.)

10 Chaque chose à sa place

1. — Où as-tu mis la glace?
   — Je l'ai mise au réfrigérateur.
2. — Où as-tu mis les assiettes?
   — Je les ai mises dans la cuisine.
3. — Où as-tu mis la limonade?
   — Je l'ai mise sur la table.
4. — Où as-tu mis le programme de télé?
   — Je l'ai mis au salon.
5. — Où as-tu mis les livres?
   — Je les ai mis sur le bureau.
6. — Où as-tu mis l'argent?
   — Je l'ai mis à la banque.

● PAGE 220

11 Jean Pertout

1. Non, il l'a laissée à la maison.
2. Non, il les a oubliés dans l'autobus.
3. Non, il les a oubliées dans le magasin.
4. Non, il ne l'a pas cherché.
5. Non, il ne les a pas gardés.

6. Non, il l'a perdu.
7. Non, il ne les a pas trouvés.
8. Non, il ne les a pas cherchées.

À votre tour!

1 Votre meilleur(e) ami(e) *(sample answer)*

Mon meilleur ami s'appelle Antoine. Je le connais depuis cinq ans. Je le vois tous les jours en classe. Je le retrouve le vendredi soir au club de basket. Je l'ai invité le weekend dernier et nous avons écouté nos cassettes. Il comprend mes problèmes et il m'aide toujours. Je le trouve très sympathique.

2 Quelques activités récentes *(sample answers)*

1. — Récemment j'ai vu *La Menace Fântome*. Et toi, tu l'as vu?
   — Oui, je l'ai vu. (Non, je ne l'ai pas vu.)
   — Ah bon. Quand?
   — Je l'ai vu samedi soir.
2. — Récemment j'ai regardé «Jeopardy» (un match de tennis). Et toi, tu l'as regardé?
   — Oui, je l'ai regardé. (Non, je ne l'ai pas regardé.)
   — Ah bon. Quand?
   — Je l'ai regardé dimanche après-midi.
3. — Récemment j'ai écouté une cassette de jazz (un concert de rock). Et toi, tu l'as écouté(e)?
   — Oui, je l'ai écouté(e). (Non, je ne l'ai pas écouté[e].)
   — Ah bon. Quand?
   — Je l'ai écouté(e) vendredi soir.
4. — Récemment j'ai visité le musée des beaux arts. Et toi, tu l'as visité?
   — Oui, je l'ai visité. (Non, je ne l'ai pas visité.)
   — Ah bon. Quand?
   — Je l'ai visité l'année dernière.
5. — Récemment j'ai rencontré ma cousine. Et toi, tu l'as rencontrée?
   — Oui, je l'ai rencontrée. (Non, je ne l'ai pas rencontrée.)
   — Ah bon. Quand?
   — Je l'ai rencontrée la semaine dernière.

● **PAGE 221**

Lecture: Au jardin du Luxembourg

1. C'est faux!
2. C'est faux!
3. C'est vrai!
4. C'est faux!

UNITÉ 4

LEÇON 16 Vidéo-scène: La voisine d'en bas

● **PAGE 223**

Compréhension

1. La scène se passe chez Armelle.
2. Le voisin d'en haut téléphone d'abord. Il lui demande de baisser le volume.
3. La voisine d'en bas lui demande d'augmenter le volume parce que c'est son groupe favori.
4. Armelle l'invite à écouter la musique chez elle.

● **PAGE 224**

1 Après le film

1. Nous disons que nous avons aimé le film.
2. Tu dis que le film est mauvais.
3. Je dis que les acteurs jouent bien.
4. Sophie dit qu'elle n'aime pas l'actrice principale.
5. Frédéric et Marc disent que le film est trop long.
6. Vous dites que les billets sont trop chers.

● **PAGE 225**

2 À la bibliothèque

1. Nous lisons un magazine de sport. Après, nous écrivons des lettres.
2. Antoine lit un livre d'histoire. Après, il écrit des notes.
3. Françoise et Adèle lisent un article scientifique. Après, elles écrivent un poème.
4. Tu lis une lettre. Après, tu écris une carte postale à Jacques.
5. Vous lisez un livre de français. Après, vous écrivez un résumé.
6. Je lis une carte postale. Après, j'écris une lettre à Sylvie.

3 Questions personnelles *(sample answers)*

1. Je lis *Sports Illustrated (Nintendo Power)*.
2. Oui, je lis des bandes dessinées. (Non, je ne lis pas de bandes dessinées.) Ma bande dessinée favorite est *Doonesbury*.
3. Oui, en général, j'aime lire. (Non, en général, je n'aime pas lire.) Oui, j'ai lu un bon livre récemment. (Non, je n'ai pas lu de bon livre récemment.) Il s'appelle *For Whom the Bell Tolls*.
4. Oui, j'ai lu un roman cet été. (Non, je n'ai pas lu de roman cet été.) Il s'appelle *The Hobbit*.
5. En classe, j'écris avec un stylo (avec un crayon). Quand j'écris une lettre, j'écris avec un stylo.

6. Oui, quand je suis en vacances, j'écris des cartes postales. (Non, quand je suis en vacances, je n'écris pas de cartes postales.) L'été dernier, j'ai écrit à mes copains (à ma copine, à mes grands-parents).
7. Oui, j'ai écrit une lettre récemment. (Non, je n'ai pas écrit de lettre récemment.) J'ai écrit à mon copain (ma copine, mes cousins).
8. Oui, je dis toujours la vérité. (Oui, en général, je dis la vérité. / Non, je ne dis pas toujours la vérité.) D'après moi, les journalistes / les hommes et les femmes politiques ne disent pas toujours la vérité. (D'après moi, les journalistes / les hommes et les femmes politiques disent toujours la vérité.) Ils disent quelquefois des mensonges quand ils veulent être populaires.

● **PAGE 227**

4 Générosité

1. Je leur prête mon appareil-photo.
2. Je lui prête ma raquette de tennis.
3. Je lui prête mon stylo.
4. Je leur prête ma caméra.
5. Je lui prête mon walkman.
6. Je leur prête mes notes.

5 Questions personnelles *(sample answers)*

1. Oui, je lui rends visite. (Non, je ne lui rends pas visite.)
2. Oui, je leur rends visite pendant les vacances. (Non, je ne leur rends pas visite pendant les vacances.)
3. Oui, je leur écris souvent. (Non, je ne leur écris pas souvent.) Je leur écris quand je suis en vacances (pour leur anniversaire).
4. Oui, je lui demande des conseils. (Non, je ne lui demande pas de conseils.) Oui, je leur demande des conseils. (Non, je ne leur demande pas de conseils.) Oui, je lui demande des conseils. (Non, je ne lui demande pas de conseils.)
5. Oui, je lui donne des conseils. (Non, je ne lui donne pas de conseils.)
6. Oui, quand j'ai un problème, je leur parle. (Non, quand j'ai un problème, je ne leur parle pas.) Oui, quand j'ai un problème, je lui parle. (Non, quand j'ai un problème, je ne lui parle pas.)
7. Oui, je leur demande de l'argent. (Non, je ne leur demande pas d'argent.) Je leur demande de l'argent pour aller voir un film.
8. Oui, je lui prête mes cassettes. (Non, je ne lui prête pas mes cassettes.) Oui, je leur prête mes cassettes. (Non, je ne leur prête pas mes cassettes.)
9. Oui, je leur emprunte beaucoup de choses. (Non, je ne leur emprunte pas beaucoup de choses.) Je leur emprunte des cassettes / de l'argent / des livres.

● **PAGE 228**

6 Cadeaux

1. ANNE: Qu'est-ce que tu achètes à ta mère pour son anniversaire?
   JOËL: Je vais lui acheter des fleurs.
   ANNE: Ah bon, et qu'est-ce que tu lui as acheté l'année dernière?
   JOËL: Je lui ai acheté des fleurs aussi.
   ANNE: Vraiment? Tu n'as pas beaucoup d'imagination!
2. ANNE: Qu'est-ce que tu achètes à tes grands-parents pour Noël?
   JOËL: Je vais leur acheter une boîte de chocolats.
   ANNE: Ah bon, et qu'est-ce que tu leur as acheté l'année dernière?
   JOËL: Je leur ai acheté une boîte de chocolats aussi.
   ANNE: Vraiment? Tu n'as pas beaucoup d'imagination!
3. ANNE: Qu'est-ce que tu achètes à ta copine pour sa fête?
   JOËL: Je vais lui acheter une cassette de Céline Dion.
   ANNE: Ah bon, et qu'est-ce que tu lui as acheté l'année dernière?
   JOËL: Je lui ai acheté une cassette de Céline Dion aussi.
   ANNE: Vraiment? Tu n'as pas beaucoup d'imagination!
4. ANNE: Qu'est-ce que tu achètes à tes cousins jumeaux pour leur anniversaire?
   JOËL: Je vais leur acheter des tee-shirts.
   ANNE: Ah bon, et qu'est-ce que tu leur as acheté l'année dernière?
   JOËL: Je leur ai acheté des tee-shirts aussi.
   ANNE: Vraiment? Tu n'as pas beaucoup d'imagination!

7 Entre copains

1. Oui, il lui écrit.
2. Oui, il l'écoute.
3. Oui, elle le comprend.
4. Oui, elle lui répond.
5. Oui, elle leur rend visite.
6. Oui, elle l'invite au cinéma.
7. Oui, il l'attend après la classe.
8. Oui, il les voit souvent.
9. Oui, il lui dit la vérité.
10. Oui, elle lui parle souvent.

8 Décisions

1. Je lui parle français. (Je ne lui parle pas français.)
   Je l'invite. (Je ne l'invite pas.)
   Je le présente à mes copains. (Je ne le présente pas à mes copains.)
   Je lui téléphone. (Je ne lui téléphone pas.)
2. Je l'attends à l'aéroport. (Je ne l'attends pas à l'aéroport.)
   Je lui montre ma ville. (Je ne lui montre pas ma ville.)
   Je l'invite chez moi. (Je ne l'invite pas chez moi.)
   Je lui achète un cadeau. (Je ne lui achète pas de cadeau.)
3. Je l'invite chez moi. (Je ne l'invite pas chez moi.)
   Je lui montre mes photos. (Je ne lui montre pas mes photos.)
   Je lui dis toujours la vérité. (Je ne lui dis pas toujours la vérité.)
4. Je lui parle. (Je ne lui parle pas.)
   Je l'invite. (Je ne l'invite pas.)
   Je l'aide. (Je ne l'aide pas.)
5. Je (ne) lui dis (pas) oui.
   Je (ne) lui dis (pas) non.
   Je lui prête ma cassette. (Je ne lui prête pas ma cassette.)
6. Je lui écris. (Je ne lui écris pas.)
   Je l'oublie. (Je ne l'oublie pas.)
   Je lui téléphone souvent. (Je ne lui téléphone pas souvent.)

● PAGE 229

9 Conversation

1. — Tu prêtes ton vélo à tes amis?
   — Oui, je le leur prête.
   (Non, je ne le leur prête pas.)
2. — Tu prêtes tes magazines à ton frère?
   — Oui, je les lui prête.
   (Non, je ne les lui prête pas.)
3. — Tu donnes ton numéro de téléphone à tes copains?
   — Oui, je le leur donne.
   (Non, je ne le leur donne pas.)
4. — Tu montres tes photos à ton meilleur ami?
   — Oui, je les lui montre.
   (Non, je ne les lui montre pas.)
5. — Tu montres tes photos aux élèves de la classe?
   — Oui, je les leur montre.
   (Non, je ne les leur montre pas.)
6. — Tu montres tes notes à tes parents?
   — Oui, je les leur montre.
   (Non, je ne les leur montre pas.)
7. — Tu dis toujours la vérité à ta meilleure amie?
   — Oui, je la lui dis.
   (Non, je ne la lui dis pas.)
8. — Tu dis la vérité à tes parents?
   — Oui, je la leur dis.
   (Non, je ne la leur dis pas.)

10 Pourquoi pas?

1. Non, elle ne la lui prête pas.
2. Non, il ne le lui prête pas.
3. Non, elle ne le lui montre pas.
4. Non, il ne les leur prête pas.

● PAGE 230

11 Qu'est-ce qu'ils savent faire?

1. Vous savez jouer au tennis.
2. Nous savons parler français.
3. Je sais jouer de la guitare.
4. Il sait faire la cuisine.
5. Tu sais nager.
6. Elle sait piloter un avion.
7. Ils savent danser le rock.
8. Ils savent chanter.
9. Je sais développer mes photos.
10. Vous savez programmer un ordinateur.

● PAGE 231

12 Dommage!

1. — On va à la discothèque?
   — Je ne sais pas danser.
   — Dommage!
2. — On fais un match?
   — Je ne sais pas jouer au tennis.
   — Dommage!
3. — On prépare le dîner?
   — Je ne sais pas faire la cuisine.
   — Dommage!
4. — On s'inscrit à la chorale?
   — Je ne sais pas chanter.
   — Dommage!
5. — On téléphone à la fille italienne?
   — Je ne sais pas parler italien.
   — Dommage!
6. — On invite les étudiants mexicains?
   — Je ne sais pas parler espagnol.
   — Dommage!

13 Une fille bien informée

1. Florence connaît Véronique. Elle sait où elle habite.
2. Florence connaît Monsieur Moreau. Elle sait où il travaille.
3. Florence connaît Paul. Elle sait quand il joue au tennis.
4. Florence connaît Annie. Elle sait avec qui elle va au cinéma.

5. Florence connaît Robert. Elle sait à quelle heure il vient.
6. Florence connaît Thérèse. Elle sait qui est son acteur favori.
7. Florence connaît cette fille. Elle sait quels films elle aime.
8. Florence connaît mes cousins. Elle sait quand ils vont aller à Bordeaux.

14 Connaître ou savoir?

1. connaît
2. connaît
3. connaît
4. sait
5. sait
6. connaît
7. sait
8. connaît

À votre tour!

1 Une soirée musicale

- Est-ce que tu sais jouer de la guitare?
- Est-ce que tu sais danser?
- Quelles autres choses est-ce que tu sais faire?
- Est-ce que tu connais de bon chanteurs?
- Est-ce que tu connais un bon groupe?

● PAGE 232–233

Lecture: Es-tu une personne généreuse?

Answers will vary.

INTERLUDE 4 Un américain à Paris

● PAGE 239

Exercice de lecture

Episode 2: **le début** means the beginning
Episode 3: **une marchande de fleurs** is someone who sells flowers (flower vendor)
Episode 3: **enveloppe** means to wrap
Episode 3: **consterné(e)** means dismayed
Episode 4: **l'ascenseur** means an elevator

IMAGES DU MONDE FRANCOPHONE 2
L'Amérique et la France d'outre-mer

● PAGE 251

Le savez-vous?

1. La Louisiane a été nommée ainsi en l'honneur du roi de France Louis XIV. (c)
2. Toussaint Louverture est le chef des esclaves haïtiens révoltés contre les Français. (c)
3. Aujourd'hui la Martinique et la Guadeloupe sont des départements français. (b)
4. La devise du Québec est «Je me souviens!». (a)
5. Après Paris, la deuxième ville d'expression française du monde est Montréal. (b)
6. À Paris on dit «Au revoir». À Québec on dit «Bonjour». (a)
7. Le mot «cajun» vient du mot français «acadien». (a)
8. Avant de venir en Louisiane, les Acadiens habitaient dans l'est du Canada. (c)
9. Certaines villes américaines sont nommées Lafayette en l'honneur d'un héros de la Révolution américaine. (c)
10. L'un des premiers gouverneurs de Californie était d'origine française. Il s'appelle John Charles Frémont. (b)
11. Tahiti est une île française. (b)
12. Les jeunes Martiniquais parlent français et créole. (a)

UNITÉ 5 Les sports et la vie quotidienne

LEÇON 17 Le français pratique: Le sport, c'est la santé

● PAGE 257

1 Le sport et vous *(sample answers)*

1. Je fais du sport (tous les jours).
2. Je fais du sport parce que (c'est bon pour la santé).
3. Je préfère courir (avec un copain ou une copine).
4. Je préfère faire de la natation (dans un lac).
5. En hiver, mon sport préféré est (le ski).
6. En été, mon sport préféré est (la voile).
7. Dans mon quartier, les jeunes font (du patin à roulettes).
8. Je voudrais apprendre à faire (du parachutisme).

2 Et vos camarades? *(sample answers)*

1. —Tu fais de la natation?
   —Oui, je fais de la natation. (Non, je ne fais pas de natation.)
   —Où?
   —Je fais de la natation à la piscine (dans mon quartier, à la mer).
   —Quand?
   —Je fais de la natation tous les jours après la classe (deux fois par semaine).
   —Avec qui?
   —Je fais de la natation seul(e) (avec mes copains).
2. —Tu fais du vélo?
   —Oui, je fais du vélo. (Non, je ne fais pas de vélo.)
   —Où?
   —Je fais du vélo dans les rues de mon quartier (à la campagne).
   —Quand?
   —Je fais du vélo tous les jours après la classe (une fois par semaine).
   —Avec qui?
   —Je fais du vélo avec mon cousin (avec mes copains).
3. —Tu fais de la gymnastique?
   —Oui, je fais de la gymnastique. (Non, je ne fais pas de gymnastique.)
   —Où?
   —Je fais de la gymnastique à l'école (dans un club).
   —Quand?
   —Je fais de la gymnastique le mercredi (trois fois par semaine).
   —Avec qui?
   —Je fais de la gymnastique avec mes copains (seul[e]).
4. —Tu fais de la marche à pied?
   —Oui, je fais de la marche à pied. (Non, je ne fais pas de marche à pied.)
   —Où?
   —Je fais de la marche à pied dans les rues de mon quartier (à la campagne).
   —Quand?
   —Je fais de la marche à pied deux fois par semaine (le weekend).
   —Avec qui?
   —Je fais de la marche à pied avec mon chien (avec mon oncle).
5. —Tu fais du patin à roulettes?
   —Oui, je fais du patin à roulettes. (Non, je ne fais pas de patin à roulettes.)
   —Où?
   —Je fais du patin à roulettes dans mon quartier.
   —Quand?
   —Je fais du patin à roulettes tous les jours après la classe (deux fois par semaine).
   —Avec qui?
   —Je fais du patin à roulettes seul(e) (avec mes copains).
6. —Tu fais de la planche à roulettes?
   —Oui, je fais de la planche à roulettes. (Non, je ne fais pas de planche à roulettes.)
   —Où?
   —Je fais de la planche à roulettes dans les rues de mon quartier.
   —Quand?
   —Je fais de la planche à roulettes trois fois par semaine (le weekend).
   —Avec qui?
   —Je fais de la planche à roulettes avec ma copine (seul[e]).
7. —Tu fais de l'équitation?
   —Oui, je fais de l'équitation. (Non, je ne fais pas d'équitation.)
   —Où?
   —Je fais de l'équitation dans un club (à la campagne).
   —Quand?
   —Je fais de l'équitation le weekend (le mardi et le jeudi).
   —Avec qui?
   —Je fais de l'équitation avec un copain (avec mes parents).

3 Le sport et la géographie

1. À Hawaï, on fait de la voile, de la planche à voile, du surf, du ski nautique, de la natation, de la marche à pied . . .

2. Dans le Colorado, on fait du ski, de l'alpinisme, de la marche à pied . . .
3. En Floride, on fait de la natation, de la planche à voile, de la voile, du ski nautique, du jogging . . .
4. En Californie, on fait du jogging, de la planche à roulettes, de la natation, de la voile, de la planche à voile, du ski nautique, du surf . . .
5. Au Canada, on fait du ski, du patinage, du vélo, de la marche à pied . . .
6. Dans ma région, en hiver, on fait du ski, du patinage, de la marche à pied . . .
7. Dans ma région, en été, on fait de la natation, de la planche à voile, de l'équitation, du patin à roulettes, de la planche à roulettes, du surf . . .

● PAGE 259

4 «Jacques a dit»

1. Jacques a dit «Levez la main droite.»
2. Jacques a dit «Levez la jambe gauche.»
3. Jacques a dit «Levez la tête.»
4. Jacques a dit «Mettez la main gauche derrière le dos.»
5. Jacques a dit «Mettez la main droite sur l'oreille gauche.»
6. Jacques a dit «Mettez un doigt sur le nez.»
7. Jacques a dit «Mettez deux doigts sur la bouche.»
8. Jacques a dit «Ouvrez la bouche.»
9. Jacques a dit «Fermez les yeux.»
10. Jacques a dit «Mettez les mains autour du cou.»
11. Jacques a dit «Pliez les genoux.»
12. Jacques a dit «Montrez vos dents.»
13. Jacques a dit «Mettez les mains sur les épaules.»
14. Jacques a dit «Touchez votre pied gauche avec la main droite.»

5 Anatomie

1. On regarde avec les yeux.
2. On court avec les jambes (les pieds).
3. On écoute avec les oreilles.
4. On joue au foot avec les pieds (les jambes).
5. On respire par le nez.
6. On joue au basket avec les bras (les mains) et les jambes.
7. On joue de la guitare avec les mains (les doigts).
8. On porte un chapeau sur la tête.

● PAGE 260

6 Aïe!

1. — Où as-tu mal?
   — J'ai mal à la main.
2. — Où as-tu mal?
   — J'ai mal à la tête.
3. — Où as-tu mal?
   — J'ai mal aux dents.
4. — Où as-tu mal?
   — J'ai mal au nez.
5. — Où as-tu mal?
   — J'ai mal au dos.
6. — Où as-tu mal?
   — J'ai mal au cou.
7. — Où as-tu mal?
   — J'ai mal aux oreilles.

7 Questions personnelles *(sample answers)*

1. Pour rester en bonne santé, je fais du sport (je fais de la marche à pied, je fais du jogging).
2. Oui, je suis en forme. (Non, je ne suis pas en forme.) Pour rester en forme, je fais de l'aérobic (de l'équitation, de la natation) deux fois par semaine (tous les jours, le weekend).
3. Oui, j'ai mal à la tête quand j'étudie trop. (Non, je n'ai pas mal à la tête quand j'étudie trop.) Quand j'ai mal à la tête, je prends de l'aspirine (du Tylenol). Quand j'ai mal au ventre, je prends du Pepto-Bismol.
4. Oui, j'ai eu la grippe l'année dernière. (Non, je n'ai pas eu la grippe l'année dernière.) J'ai eu mal à la tête, aux oreilles et au ventre.
5. Je pratique la natation, la marche à pied . . . (Je fais de la natation, de la marche à pied . . .) (Je ne pratique pas de sport.) Après avoir pratiqué ces sports, j'ai mal aux jambes (au dos). (Je n'ai pas mal.)
6. Oui, je suis allé(e) chez le dentiste récemment. (Non, je ne suis pas allé[e] chez le dentiste récemment.) Je suis allé(e) chez le dentiste parce que j'ai eu mal aux dents. Oui, ça va mieux maintenant. (Non, ça ne va pas mieux.)

● PAGE 261

8 Ça va? *(sample answers)*

- — Ça va?
  — Non, j'ai mal au nez.
  — Vraiment? Qu'est-ce que tu as fait?
  — J'ai été piqué par un moustique.
- — Ça va?
  — Non, j'ai mal aux dents.
  — Vraiment? Qu'est-ce que tu as fait?
  — J'ai mangé trop de chocolats.
- — Ça va?
  — Non, j'ai mal aux pieds.
  — Vraiment? Qu'est-ce que tu as fait?
  — J'ai fait de la marche.
- — Ça va?
  — Non, j'ai mal aux doigts.
  — Vraiment? Qu'est-ce que tu as fait?
  — J'ai joué de la guitare.
- — Ça va?
  — Non, j'ai mal à la tête.
  — Vraiment? Qu'est-ce que tu as fait?
  — J'ai regardé la télé.

- — Ça va?
  — Non, j'ai mal au ventre.
  — Vraiment? Qu'est-ce que tu as fait?
  — J'ai mangé trop de chocolats.
- — Ça va?
  — Non, j'ai mal aux jambes.
  — Vraiment? Qu'est-ce que tu as fait?
  — J'ai joué au foot.
- — Ça va?
  — Non, j'ai mal au dos.
  — Vraiment? Qu'est-ce que tu as fait?
  — J'ai travaillé dans le jardin.

Au Jour Le Jour

À L'Air Marin

- Le terrain de camping s'appelle L'Air Marin.
- Il est situé à la mer.
- On peut téléphoner à 67.94.21.89 ou on peut écrire.
- En juillet, le séjour de deux semaines coûte 1000 francs.
  En juin, le séjour de deux semaines coûte 500 francs.

LEÇON 18 Vidéo-scène: Un vrai sportif

PAGE 263

Compréhension

1. Ils rencontrent Jérôme.
2. Il vient du gymnase.
3. Son sport préféré est le parapente.
4. Il va participer à une compétition.

● **PAGE 265**

1 Conversation *(sample answers)*

1. — Tu vas à la bibliothèque?
   — Oui, j'y vais quelquefois (souvent, parfois). (Non, je n'y vais presque jamais.)
2. — Tu vas au gymnase?
   — Oui, j'y vais quelquefois (parfois, de temps en temps). (Non, j'y vais rarement.)
3. — Tu vas à la campagne?
   — Oui, j'y vais souvent (de temps en temps, quelquefois). (Non, je n'y vais presque jamais.)
4. — Tu vas au concert?
   — Oui, j'y vais de temps en temps (souvent, quelquefois). (Non, je n'y vais presque jamais.)
5. — Tu vas en ville?
   — J'y vais rarement. (Oui, j'y vais de temps en temps, quelquefois.) (Non, je n'y vais presque jamais.)
6. — Tu vas au supermarché?
   — Oui, j'y vais souvent (de temps en temps, parfois). (Non, je n'y vais presque jamais.)
7. — Tu vas dans les magasins?
   — Oui, j'y vais de temps en temps (parfois, souvent). (Non, je n'y vais presque jamais.)
8. — Tu vas chez ton copain (ta copine)?
   — Oui, j'y vais souvent (de temps en temps, quelquefois). (Non, je n'y vais presque jamais.)
9. — Tu vas chez tes grands-parents?
   — Oui, j'y vais une fois par semaine (de temps en temps, souvent). (Non, je n'y vais presque jamais.)
10. — Tu vas chez le dentiste?
    — Oui, j'y vais parfois (de temps en temps). (Non, je n'y vais presque jamais.)

2 Pas le weekend!

1. Le weekend, on n'y va pas.
2. Le weekend, ma mère (elle) n'y va pas.
3. Le weekend, je n'y vais pas.
4. Le weekend, les élèves (ils) n'y sont pas.
5. Le weekend, vous n'y restez pas.
6. Le weekend, ma tante (elle) n'y déjeune pas.
7. Le weekend, nous n'y jouons pas.
8. Le weekend, vous n'y jouez pas.

3 Questions personnelles

1. Oui, j'y suis. (Non, je n'y suis pas.)
2. Oui, j'y vais le samedi. (Non, je n'y vais pas le samedi.)
3. Oui, le dimanche, j'y dîne. (Non, le dimanche, je n'y dîne pas.)
4. Oui, le weekend, j'y reste. (Non, le weekend, je n'y reste pas.)
5. Oui, j'y suis allé(e). (Non, je n'y suis pas allé[e].)
6. Oui, j'y suis allé(e). (Non, je n'y suis pas allé[e].)
7. Oui, j'y suis monté(e). (Non, je n'y suis pas monté[e].)
8. Oui, j'y suis descendu(e). (Non, je n'y suis pas descendu[e].)

● PAGE 266

4 Vive les loisirs!

1. — Tu fais du ski nautique?
   — Oui, j'en fais.
   (Non, je n'en fais pas.)
2. — Tu fais de la voile?
   — Oui, j'en fais.
   (Non, je n'en fais pas.)
3. — Tu fais de la planche à voile?
   — Oui, j'en fais.
   (Non, je n'en fais pas.)
4. — Tu fais de la danse moderne?
   — Oui, j'en fais.
   (Non, je n'en fais pas.)
5. — Tu fais des exercices?
   — Oui, j'en fais.
   (Non, je n'en fais pas.)
6. — Tu fais du patinage?
   — Oui, j'en fais.
   (Non, je n'en fais pas.)
7. — Tu fais du camping?
   — Oui, j'en fais.
   (Non, je n'en fais pas.)
8. — Tu fais du ski?
   — Oui, j'en fais.
   (Non, je n'en fais pas.)
9. — Tu fais du surf?
   — Oui, j'en fais.
   (Non, je n'en fais pas.)
10. — Tu fais de la planche à roulettes?
   — Oui, j'en fais.
   (Non, je n'en fais pas.)

● PAGE 267

5 Un régime de champion

1. — Vous faites de la gymnastique?
   — Oui, j'en fais tous les jours.
2. — Vous faites du vélo?
   — Oui, j'en fais avant le dîner.
3. — Vous faites de la marche à pied?
   — Oui, j'en fais quelquefois.
4. — Vous buvez du jus d'orange?
   — Oui, j'en bois au petit déjeuner.
5. — Vous buvez de l'eau minérale?
   — Oui, j'en bois à tous les repas.
6. — Vous mangez du yaourt?
   — Oui, j'en mange très souvent.
7. — Vous mangez des produits naturels?
   — Oui, j'en mange tout le temps.
8. — Vous donnez des interviews?
   — Oui, j'en donne de temps en temps.
9. — Vous prenez des vacances?
   — J'en prends rarement.

● PAGE 268

6 Pourquoi pas?

1. — Tu manges du sucre?
   — Non, je n'en mange pas.
   — Ah bon? Pourquoi est-ce que tu n'en manges pas?
   — J'ai mal aux dents.
2. — Tu veux de la limonade?
   — Non, je n'en veux pas.
   — Ah bon? Pourquoi est-ce que tu n'en veux pas?
   — Je n'ai pas soif.
3. — Tu veux du gâteau?
   — Non, je n'en veux pas.
   — Ah bon? Pourquoi est-ce que tu n'en veux pas?
   — Je n'ai pas faim.
4. — Tu fais du jogging?
   — Non, je n'en fais pas.
   — Ah bon? Pourquoi est-ce que tu n'en fais pas?
   — J'ai mal aux pieds.
5. — Tu fais du camping?
   — Non, je n'en fais pas.
   — Ah bon? Pourquoi est-ce que tu n'en fais pas?
   — Je n'ai pas de tente.
6. — Tu prends des photos?
   — Non, je n'en prends pas.
   — Ah bon? Pourquoi est-ce que tu n'en prends pas?
   — Je n'ai pas d'appareil-photo.
7. — Tu fais de l'espagnol?
   — Non, je n'en fais pas.
   — Ah bon? Pourquoi est-ce que tu n'en fais pas?
   — Je ne suis pas doué(e) pour les langues.
8. — Tu fais des exercices?
   — Non, je n'en fais pas.
   — Ah bon? Pourquoi est-ce que tu n'en fais pas?
   — Je suis fatigué(e).

7 Et vous?

1. — Est-ce que tu manges de la salade?
   — Oui, j'en mange souvent (tous les jours, de temps en temps).
   (Non, je n'en mange jamais.
   Non, je n'en mange presque jamais.)
2. — Est-ce que tu manges de la glace?
   — Oui, j'en mange souvent (parfois, de temps en temps).
   (Non, je n'en mange jamais.
   Non, je n'en mange presque jamais.)
3. — Est-ce que tu manges du fromage?
   — Oui, j'en mange tous les jours (quelquefois, de temps en temps).
   (Non, je n'en mange jamais.
   Non, je n'en mange presque jamais.)
4. — Est-ce que tu manges du yaourt?
   — Oui, j'en mange parfois (souvent, tous les jours).
   (Non, je n'en mange jamais.
   Non, je n'en mange presque jamais.)

5. — Est-ce que tu manges des frites?
   — Oui, j'en mange toutes les semaines (souvent, quelquefois).
   (Non, je n'en mange jamais.
   Non, je n'en mange presque jamais.)
6. — Est-ce que tu bois du jus d'orange?
   — Oui, j'en bois tous les jours (deux fois par jour, de temps en temps).
   (Non, je n'en bois jamais.
   Non, je n'en bois presque jamais.)
7. — Est-ce que tu bois du jus de tomate?
   — Oui, j'en bois de temps en temps (tous les jours, parfois).
   (Non, je n'en bois jamais.
   Non, je n'en bois presque jamais.)
8. — Est-ce que tu bois du lait?
   — Oui, j'en bois tous les jours (deux fois par jour, souvent).
   (Non, je n'en bois jamais.
   Non, je n'en bois presque jamais.)
9. — Est-ce que tu bois de l'eau?
   — Oui, j'en bois de temps en temps (souvent, tous les jours).
   (Non, je n'en bois jamais.
   Non, je n'en bois presque jamais.)
10. — Est-ce que tu bois de l'eau minérale?
   — Oui, j'en bois souvent (parfois, de temps en temps).
   (Non, je n'en bois jamais.
   Non, je n'en bois presque jamais.)
11. — Est-ce que tu bois du thé?
   — Oui, j'en bois tous les matins (quelquefois, deux fois par semaine).
   (Non, je n'en bois jamais.
   Non, je n'en bois presque jamais.)

8 Nos possessions

1. — Tu as un walkman?
   — Oui, j'en ai un.
   (Non, je n'en ai pas.)
2. — Tu as un appareil-photo?
   — Oui, j'en ai un.
   (Non, je n'en ai pas.)
3. — Tu as un vélo?
   — Oui, j'en ai un.
   (Non, je n'en ai pas.)
4. — Tu as une guitare?
   — Oui, j'en ai une.
   (Non, je n'en ai pas.)
5. — Tu as une montre?
   — Oui, j'en ai une.
   (Non, je n'en ai pas.)
6. — Tu as un chien?
   — Oui, j'en ai un.
   (Non, je n'en ai pas.)
7. — Tu as un poisson rouge?
   — Oui, j'en ai un.
   (Non, je n'en ai pas.)
8. — Tu as une raquette de tennis?
   — Oui, j'en ai une.
   (Non, je n'en ai pas.)
9. — Tu as une batte de baseball?
   — Oui, j'en ai une.
   (Non, je n'en ai pas.)
10. — Tu as un ballon de basket?
   — Oui, j'en ai un.
   (Non, je n'en ai pas.)

9 Questions personnelles *(sample answers)*

1. Oui, j'en ai mangé ce matin. (Non, je n'en ai pas mangé ce matin.) Oui, j'en ai bu. (Non, je n'en ai pas bu.)
2. Oui, j'en ai fait hier. (Non, je n'en ai pas fait hier.) J'en ai fait dans les rues de mon quartier (à la campagne). J'en ai fait avec mon copain (avec mes amies).
3. Oui, j'en ai fait la semaine dernière. (Non, je n'en ai pas fait la semaine dernière.) J'en ai fait pour ma petite cousine (la fille de mes voisins.)
4. Oui, j'en ai acheté le weekend dernier. (Non, je n'en ai pas acheté le weekend dernier.) J'en ai acheté dans mon quartier (dans le magasin de ma tante).
5. Oui, j'en ai fait l'été dernier. (Non, je n'en ai pas fait l'été dernier.) J'en ai fait en Californie.
6. Oui, j'en ai gagné pendant les vacances. (Non, je n'en ai pas gagné.) J'ai fait du baby-sitting. (J'ai travaillé dans un magasin.)
7. Oui, j'en ai déjà fait. (Non, je n'en ai jamais fait.) J'en ai fait en Floride (en France), l'été dernier (l'année dernière) avec mon frère (avec des copains).
8. Oui, j'en ai déjà fait. (Non, je n'en ai jamais fait.) J'en ai fait dans le Colorado (en Californie), l'hiver dernier (l'été dernier).

PAGE 269

10 Vous et le sport *(sample answers)*

À mon avis (Selon moi, D'après moi) le tennis est un sport passionnant (très difficile, assez amusant).

Je pense que (Selon moi, Je trouve que) le jogging est un sport ennuyeux (assez facile, très bon pour la santé).

Selon moi (Je crois que, À mon avis) la planche à voile est un sport dangereux (assez difficile, très intéressant).

Je crois que (Je trouve que, D'après moi) la marche à pied est un sport amusant (très bon pour la santé, assez ennuyeux).

Je trouve que (Selon moi, Je pense que) la planche à neige est un sport dangereux (passionnant, assez difficile).

D'après moi (À mon avis, Je crois que) le football américain est un sport trop violent (très amusant, assez dangereux).

Je pense que (Selon moi, Je trouve que) le karaté est un sport dangereux (assez difficile, très bon pour la santé).

Je crois que (Selon moi, À mon avis) l'aérobic est un sport difficile (dangereux, bon pour la santé).

Je trouve que (D'après moi, Je pense que) le deltaplane est un sport difficile (passionnant, très dangereux).

À votre tour!

1 Vive le sport! *(sample answers)*

la marche à pied
- J'aime faire de la marche à pied.
- J'en fais dans les rues de mon quartier ou à la campagne.
- J'en fais tous les jours.

le football
- J'aime jouer au football.
- J'y joue deux fois par semaine au stade.
- J'y joue avec mes copains.

le ski
- J'aime faire du ski.
- J'en fais dans le Colorado en hiver.
- J'en fais chaque weekend.

le tennis
- J'aime jouer au tennis.
- J'y joue le weekend au club de ma ville.
- J'y joue avec mon frère.

2 Situation: Vacances à la Martinique

- Es-tu allé(e) à la plage chaque jour?
- As-tu fait de la voile?
- As-tu fait de la planche à voile?
- As-tu fait du volley?
- As-tu rencontré des jeune Français?
- Es-tu allé(e) souvent au restaurant?
- As-tu pris beaucoup de photos?
- As-tu acheté des souvenirs?

● PAGE 270–271

Lecture: Quel sport est-ce?

1. C'est le ski.
2. C'est le tennis.
3. C'est le ski nautique.
4. C'est le football.
5. C'est le jogging.
6. C'est le parapente.
7. C'est la planche à roulettes.
8. C'est l'aérobic.
9. C'est l'équitation.

● PAGE 271

Constructions utiles

1. un sport d'été, un sport d'équipe
2. en toute saison, à toute heure

LEÇON 19 Vidéo-scène: Jérôme se lève?

● PAGE 273

Compréhension

1. La scène se passe dans la chambre de Jérôme.
2. Il veut le réveiller.
3. Il se regarde dans la glace, il se brosse les dents et il se lave.
4. Il est tombé.

● PAGE 274

1 Questions personnelles *(sample answers)*

1. J'ai les yeux bleus (bruns, noirs).
2. J'ai les cheveux courts (longs).
3. Oui, elle a les yeux noirs. (Non, elle n'a pas les yeux noirs. Elle a les yeux bleus.)
4. Oui, il a les cheveux blonds. (Non, il n'a pas les cheveux blonds. Il a les cheveux bruns.)
5. Dans la classe, Paul a les yeux bleus. (Dans la classe, Paul et Marie ont les yeux bleus.)
6. Michèle a les cheveux noirs. (Michèle et Patrick ont les cheveux noirs.) Sandra a les cheveux longs. Sandra et Simon ont les cheveux frisés.

● PAGE 276

2 Après le match de basket

1. Patrick se lave.
2. Nathalie se lave.
3. Éric et Olivier se lavent.
4. Corinne se lave.
5. Nous nous lavons.

6. Vous vous lavez.
7. Je me lave.
8. Tu te laves.

3 Qu'est-ce qu'ils font?

1. Les élèves s'habillent pour aller à l'école.
2. Vous vous lavez après le match de foot.
3. Nous nous promenons à la campagne.
4. Le dimanche, mes parents se reposent.
5. Je m'habille bien pour aller au restaurant.
6. À quelle heure est-ce que Brigitte se lève?
7. À quelle heure est-ce que tu te couches?
8. Le lundi, je me réveille à sept heures moins le quart.

4 Après le dîner

1. Elle ne se repose pas.
2. Tu ne te reposes pas.
3. Je me repose.
4. Il se repose.
5. Ils ne se reposent pas.
6. Nous nous reposons.
7. Vous vous reposez.
8. Elle se repose.
9. Je ne me repose pas.
10. Ils (ne) se reposent (pas).

PAGE 277

5 Expression personnelle *(sample answers)*

1. En général, je me réveille à sept heures (sept heures moins le quart, sept heures et quart).
2. Le dimanche, je me lève à huit heures et demie (dix heures, onze heures moins le quart).
3. Je me lave avant le petit déjeuner (après le petit déjeuner).
4. Je m'habille dans ma chambre (dans la salle de bains).
5. Le weekend, je me promène souvent en ville (à la campagne).
6. En général, je me repose avant le dîner (après le dîner).
7. En général, je me couche à dix heures (dix heures et quart, dix heures et demie).

6 Équivalences

1. Elle s'habille.
2. Nous nous promenons à la campagne.
3. Elle se repose.
4. Il se réveille.
5. Ils se promènent en ville.
6. Je me lève à six heures et demie.
7. Tu te laves.
8. Vous vous couchez.
9. Tu t'habilles.

7 Conversation *(sample answers)*

- —À quelle heure est-ce que tu te lèves le dimanche?
  —Le dimanche, je me lève à huit heures et demie (à neuf heures et quart).
  —À quelle heure est-ce que tu te lèves pendant les vacances?
  —Pendant les vacances, je me lève à neuf heures moins le quart (à neuf heures).
- —À quelle heure est-ce que tu te couches pendant la semaine?
  —Pendant la semaine, je me couche à dix heures (à dix heures et demie).
  —À quelle heure est-ce que tu te couches le samedi soir?
  —Le samedi, je me couche à onze heures (à minuit moins le quart).
  —À quelle heure est-ce que tu te couches pendant les vacances?
  —Pendant les vacances, je me couche à onze heures moins le quart (à onze heures).
- —Où est-ce que tu te promènes le weekend?
  —Le weekend, je me promène en ville (à la campagne, à la plage).
  —Où est-ce que tu te promènes avec ta famille?
  —Avec ma famille, je me promène à la campagne (à la montagne).
  —Où est-ce que tu te promènes avec tes copains?
  —Avec mes copains, je me promène dans le quartier (à la plage).
- —Comment est-ce que tu t'habilles quand tu vas à l'école?
  —Quand je vais à l'école, je m'habille avec un jean et un tee-shirt (un pantalon et une chemise).
  —Comment est-ce que tu t'habilles quand tu vas à la plage?
  —Quand je vais à la plage, je m'habille avec un maillot de bain et un tee-shirt (une robe).
  —Comment est-ce que tu t'habilles quand tu vas à une boum?
  —Quand je vais à une boum, je m'habille bien.
  —Comment est-ce que tu t'habilles quand il fait froid?
  —Quand il fait froid, je m'habille avec un manteau (des gants).

PAGE 279

8 Dans la salle de bains *(sample answers)*

Je me brosse les dents avec du dentifrice et une brosse à dents.
Tu te laves les cheveux avec du shampooing.
Jacqueline se lave les mains avec du savon.
Paul et Marc se brossent les cheveux avec une brosse à cheveux.

UNITÉ 5

Nous nous lavons les dents avec une brosse à dents.
Vous vous brossez les cheveux avec une brosse à cheveux.

9 Questions personnelles *(sample answers)*

1. Oui, je me brosse toujours les dents après le dîner. (Non, je ne me brosse pas toujours les dents après le dîner.)
2. Je me brosse les dents avec le dentifrice Crest.
3. Je me lave les mains avec de l'eau chaude (avec de l'eau froide).
4. Je me lave avec le savon Dove.
5. Je me lave les cheveux avec le shampooing Suave.
6. Oui, je me peigne souvent pendant la journée. (Non, je ne me peigne pas souvent pendant la journée.)
7. Oui, les filles de mon âge se maquillent. (Non, les filles de mon âge ne se maquillent pas.)
8. Oui, les garçons de mon âge se rasent. (Non, les garçons de mon âge ne se rasent pas.)

À votre tour!

1 La routine quotidienne *(sample answers)*

—Je me lève à sept heures moins le quart (à sept heures).
—À quelle heure est-ce que tu te lèves?

—Je pars pour l'école à sept heures et demie (à huit heures moins le quart).
—À quelle heure est-ce que tu pars pour l'école?

—Je rentre à la maison à trois heures (à trois heures et quart).
—À quelle heure est-ce que tu rentres à la maison?

—Je me couche à dix heures (à dix heures et demie).
—À quelle heure est-ce que tu te couches?

LEÇON 20 Vidéo-scène: J'ai voulu me dépêcher

PAGE 283

Compréhension

1. Il est tombé dans les escaliers et il s'est cassé la jambe.
2. Il veut savoir s'il peut rendre visite à Jérôme. (Il veut savoir ce qui s'est passé.)
3. Elle écrit quelque chose sur le plâtre de Jérôme.

PAGE 284

1 Oui ou non?

1. Je me dépêche.
2. Nous nous arrêtons au café.
3. Elle ne s'amuse pas.
4. Ils ne s'arrêtent pas.
5. Vous vous excusez.
6. Tu te souviens de tout.
7. Nous nous amusons.
8. Je ne me souviens pas de son numéro de téléphone.

PAGE 285

2 Publicité *(sample answers)*

Lavez-vous les mains avec le savon (Dial).
Lavez-vous les cheveux avec le shampooing (L'Oréal).
Brossez-vous les dents avec le dentifrice (Colgate).
Brossez-vous les cheveux avec la brosse à cheveux (Pilou).
Réveillez-vous en musique avec (WVBF).
Rasez-vous avec le rasoir (Remington).

3 En colonie de vacances

1. Il est sept heures dix! Lève-toi!
2. Voici du savon! Lave-toi!
3. Voici un peigne! Peigne-toi!
4. Il fait très beau aujourd'hui! Promène-toi!
5. Tu es en retard pour le dîner! Dépêche-toi!
6. Voici une chaise! Assieds-toi!
7. Tu vas à la fête! Amuse-toi!
8. Tu as tort! Excuse-toi!

4 Que répondre?

1. —Alors, arrête-toi à la pharmacie!
2. —Alors, dépêche-toi!
3. —Alors, amuse-toi!
4. —Alors, habille-toi bien!
5. —Alors, couche-toi!
6. —Alors, promène-toi à la campagne!
7. —Alors, arrête-toi à la banque!

PAGE 286

5 Hier

1. Catherine s'est réveillée à 7 h 30.
2. Jean-Paul s'est levé à 8 h 10.
3. Monsieur Poly s'est rasé.
4. Christine s'est dépêchée pour prendre son bus.

5. Madame Dumont s'est habillée élégamment pour aller au restaurant.
6. Alice et Céline se sont promenées en ville.
7. Mon grand-père s'est reposé.
8. Mes soeurs se sont couchées à dix heures.

6 Qui s'est amusé?

1. Je me suis amusé(e).
2. Elle s'est amusée.
3. Vous ne vous êtes pas amusé(e)(s).
4. Elle ne s'est pas amusée.
5. Tu t'es amusé(e).
6. Nous nous sommes amusé(e)s.
7. Il ne s'est pas amusé.
8. Elles se sont amusées.

PAGE 287

7 Et vous?

1. —Tu t'es levé(e) après dix heures?
   —Oui, je me suis levé(e) après dix heures.
   (Non, je ne me suis pas levé[e] après dix heures.)
2. —Tu t'es habillé(e) élégamment?
   —Oui, je me suis habillé(e) élégamment.
   (Non, je ne me suis pas habillé[e] élégamment.)
3. —Tu t'es promené(e) en ville?
   —Oui, je me suis promené(e) en ville.
   (Non, je ne me suis pas promené[e] en ville.)
4. —Tu t'es levé(e) tôt?
   —Oui, je me suis levé(e) tôt.
   (Non, je ne me suis pas levé[e] tôt.)
5. —Tu t'es amusé(e) avec des copains?
   —Oui, je me suis amusé(e) avec des copains.
   (Non, je ne me suis pas amusé[e] avec des copains.)
6. —Tu t'es promené(e) avec ta famille?
   —Oui, je me suis promené(e) avec ma famille.
   (Non, je ne me suis pas promené[e] avec ma famille.)
7. —Tu t'es reposé(e)?
   —Oui, je me suis reposé(e).
   (Non, je ne me suis pas reposé[e].)
8. —Tu t'es couché(e) tôt?
   —Oui, je me suis couché(e) tôt.
   (Non, je ne me suis pas couché[e] tôt.)

8 En ville

1. Tu vas t'arrêter dans un café.
2. Vous allez vous arrêter dans un magasin de vêtements.
3. Elle va s'arrêter à la poste.
4. Nous allons nous arrêter à la gare.
5. Ils vont s'arrêter dans une banque.
6. Je vais m'arrêter dans un parc.

9 Vive le weekend!

1. Je vais me lever à onze heures.
2. Tu vas te promener en ville.
3. Vous allez vous reposer.
4. Elle va s'habiller élégamment.
5. Nous allons nous amuser.
6. Ils vont se coucher tard.

PAGE 288

À votre tour!

1 Une page de journal *(sample answer)*

dimanche 23 avril

Je me suis levé(e) à neuf heures. J'ai pris le petit déjeuner avec mes parents, mon frère et ma soeur (du jus d'orange, des croissants, du thé). Puis, je me suis lavé(e) et je me suis habillé(e) (j'ai mis un vieux jean et un vieux tee-shirt). Ensuite, j'ai travaillé dans le jardin avec mon frère. Puis j'ai eu mal au dos et je me suis arrêté(e).

À midi, nous avons déjeuné. Après le déjeuner, je me suis reposé(e). J'ai lu un roman très intéressant. Puis, à trois heures et demie Antoine, mon copain, m'a téléphoné. Je l'ai invité chez moi. Il a pris le bus. Il est arrivé à quatre heures et quart. Nous avons écouté des cassettes et nous avons joué de la guitare. À six heures, Antoine et moi sont allés dîner dans un restaurant chinois.

Après le dîner, nous sommes rentrés. J'ai dit au revoir à Antoine et je suis monté(e) dans ma chambre. J'ai lu un peu et je me suis couché(e) à dix heures et quart.

2 Un sondage

- À quelle heure tu t'es couché(e) hier soir?
- À quelle heure tu t'es levé(e) ce matin?

INTERLUDE 5 Le Véritoscope

● PAGE 290

Avez-vous compris?

1. Quelqu'un a pris de l'argent dans la caisse.
2. Il manque deux mille francs dans la caisse.

● PAGE 291

Avez-vous compris?

1. Il ne peut pas renvoyer tous ses employés parce qu'un seul est coupable.
2. Il a travaillé sur un «projet spécial».

● PAGE 293

Avez-vous compris?

1. Il annonce qu'il y a un voleur parmi les employés.
2. La machine est reliée à une lampe dans le bureau de M. Dumas. On met la main dans l'eau et on dit une phrase. Si on dit la vérité, rien ne se passe. Si on ne dit pas la vérité, la lampe dans son bureau s'allume.

● PAGE 294

Avez-vous compris?

1. Ils mettent la main dans l'eau et ils disent la phrase.
2. Julien n'a pas la main verte. Alors, il n'a pas mis la main dans l'eau.

UNITÉ 6 Chez nous

LEÇON 21 Le français pratique: La maison

● PAGE 300

1 Questions personnelles *(sample answers)*

1. J'habite à Salem. J'habite là depuis deux ans (depuis cinq ans).
2. J'habite dans le centre. (J'habite dans un autre quartier.)
3. J'habite dans une maison individuelle (dans un appartement).
4. Ma chambre est au premier étage. (Mon appartement est au troisième étage.)
5. Il y a cinq (six / dix) pièces chez moi. Il y a deux (trois / quatre) chambres à coucher.
6. La pièce la plus confortable est le living (le salon / la cuisine / ma chambre). La pièce la plus grande est le salon (la salle à manger / la chambre de mes parents). La pièce où nous passons le plus de temps en famille est le living (la cuisine / le salon).
7. Oui, notre cuisine est grande. (Non, notre cuisine n'est pas grande.) Les murs sont jaunes (bleus / blancs / roses). Le sol est blanc (gris / marron / jaune). Le plafond est gris (blanc, beige).
8. Oui, il y a un grenier chez moi. (Non, il n'y a pas de grenier chez moi.) Dans ce grenier, il y a des chaussures, des skis, une raquette de tennis, une vieille guitare, des meubles, des jouets et des valises.

● PAGE 301

2 Un jeu de logique

1. logique (G)
2. pas logique (R)
3. logique (A)
4. pas logique (T)
5. logique (T)
6. logique (E)
7. logique (C)
8. logique (I)
9. pas logique (E)
10. logique (L)

Réponse: (un) GRATTE-CIEL

● PAGE 302

3 Chaque chose à sa place

Les livres sont sur les étagères.
Les vêtements sont dans le placard.
L'ordinateur est sur le bureau.
Les assiettes propres sont dans le placard.
Les assiettes sales sont dans le lave-vaisselle.
Les chemises sales sont dans la machine à laver.
Le tapis est sur le sol.
Le lavabo est dans la salle de bains.
L'évier est dans la cuisine.

4 Déménagements

1. — Où est-ce que je mets le grille-pain?
   — Mets-le dans la cuisine.
2. — Où est-ce que je mets la glace?
   — Mets-la dans le salon (dans la salle de bains / dans la chambre).
3. — Où est-ce que je mets le four à micro-ondes?
   — Mets-le dans la cuisine.
4. — Où est-ce que je mets l'étagère?
   — Mets-la dans le salon (dans le living).
5. — Où est-ce que je mets le lit?
   — Mets-le dans la chambre.
6. — Où est-ce que je mets le tapis?
   — Mets-le dans le salon (dans la salle à manger / dans la chambre).
7. — Où est-ce que je mets le réfrigérateur?
   — Mets-le dans la cuisine.
8. — Où est-ce que je mets le fauteuil?
   — Mets-le dans le salon (dans le living).
9. — Où est-ce que je mets le bureau?
   — Mets-le dans la chambre (dans le salon).
10. — Où est-ce que je mets le sofa?
    — Mets-le dans le salon (dans le living).
11. — Où est-ce que je mets la table?
    — Mets-la dans la salle à manger (dans la cuisine / dans le salon).

● PAGE 303

5 Chez vous *(sample answers)*

1. Dans le salon, il y a un grand sofa et des fauteuils anciens. Ils ne sont pas très confortables, mais ils sont jolis. Il y a aussi un tapis, une petite table et des rideaux bleus.
2. Dans ma chambre, il y a un lit très confortable. Il y a aussi un bureau moderne. Il y a une lampe sur le bureau. Il y a des étagères assez petites, mais elles sont très pratiques. Les murs de ma chambre sont blancs. Il y a des posters de Paris sur les murs. Il y a deux fenêtres avec des rideaux bleus.
3. Dans la cuisine, il y a une grande table ancienne, très jolie. Il y a aussi un réfrigérateur, une cuisinière, un four à micro-ondes, un évier très moderne et un lave-vaisselle. Il n'y a pas de machine à laver parce que la machine à laver est au sous-sol. Il y a trois fenêtres avec des rideaux jaunes. Les murs sont jaunes aussi.

4. Dans la salle à manger, il y a un tapis moderne et une grande table. Il y a six chaises très jolies. Il y a deux fenêtres avec des rideaux rouges. Les murs sont blancs.

6 Ma chambre *(sample answers)*

1. Ma chambre est une grande (petite) pièce.
2. Les murs sont jaunes.
3. Oui, il y a des posters sur les murs. (Non, il n'y a pas de posters sur les murs.) Les posters sont de Whitney Houston.
4. Oui, il y a un tapis sur le sol. (Non, il n'y a pas de tapis sur le sol.)
5. Il y a deux (trois / quatre) fenêtres.
6. Oui, ma chambre a une salle de bains indépendante. (Non, ma chambre n'a pas de salle de bains indépendante.)
7. Oui, en général, je ferme la porte quand je suis dans ma chambre. (Non, en général, je ne ferme pas la porte quand je suis dans ma chambre.)
8. Oui, il y a un couloir entre ma chambre et la chambre de mes parents. (Non, il n'y a pas de couloir entre ma chambre et la chambre de mes parents.)

● **PAGE 304**

7 S'il te plaît!

1. S'il te plaît, est-ce que tu peux fermer la fenêtre?
2. S'il te plaît, est-ce que tu peux mettre (allumer) la télé?
3. S'il te plaît, est-ce que tu peux éteindre (fermer) la radio?
4. S'il te plaît, est-ce que tu peux ouvrir la porte du garage?
5. S'il te plaît, est-ce que tu peux allumer le four?
6. S'il te plaît, est-ce que tu peux éteindre cette lampe?
7. S'il te plaît, est-ce que tu peux éteindre (fermer) le chauffage?

● **PAGE 305**

Au Jour Le Jour

Quel appartement?

- un(e) étudiant(e) — Quartier Latin
- une personne célibataire — Nation
- une famille qui a deux enfants — Passy
- une famille qui a un enfant (un seul parent travaille) — Montmartre (Parc Monceau)
- une famille qui a un enfant (deux parents travaillent) — Parc Monceau (Montmartre)

Au téléphone *(sample answer)*

—Allô!
—Allô, monsieur (mademoiselle). C'est bien le 01-45-12-70-36?
—Oui.
—Je suis intéressé(e) par l'annonce d'un appartement dans le Parc Monceau. Pouvez-vous me donner des détails sur l'appartement?
—Oui, bien sûr!
—Où est-il situé?
—Il est situé dans un immeuble ancien près du Parc Monceau.
—Combien de pièces est-ce qu' il y a?
—Il y a quatre pièces.
—Combien de salles de bains est-ce qu'il y a?
—Il y a une salle de bains.
—Est-ce que la cuisine est bien équipée?
—Oui, il y a un lave-vaisselle, un four à micro-ondes et beaucoup de placards.
—Est-ce qu'il y a un living et est-il grand ou petit?
—Oui, il y a un grand living.
—Quel est le prix de l'appartement?
—L'appartement coûte 1 500 euros.
—Quand est-ce que je peux visiter l'appartement?
—Vous pouvez le visiter demain à midi.
—Bon. Je vais venir demain à midi. À demain!

Une année à Paris *(sample answer)*

Nous avons trouvé un appartement très près de notre travail et aussi près des magasins. L'appartement a quatre pièces. Il y a deux chambres, une cuisine et un living. La cuisine est bien équipée avec un lave-vaisselle et un four à micro-ondes. Le living est assez grand et très confortable et le prix n'est pas trop cher. Il coûte seulement 5 000 francs.

LEÇON 22 Vidéo-scène: C'est quelqu'un que tu connais

● PAGE 307

Compréhension

1. Elle veut regarder l'album qui est sur la table.
2. C'est Pierre quand il avait sept ans.
3. C'est Corinne.
4. Il veut faire un tour en scooter à Menthon-Saint-Bernard.

● PAGE 308

1 Expression personnelle *(sample answers)*

1. J'habite dans une grande ville (une petite ville / à la campagne).
2. Nous vivons dans notre maison (appartement) depuis dix ans (un an / cinq ans).
3. Avant, nous avons vécu dans une autre ville (dans un autre état / dans un autre pays).
4. Dans ma région, on vit assez bien (bien / assez mal / mal).
5. L'état où on vit le mieux est la Californie (le Texas / le Massachusetts).
6. Un jour, je voudrais vivre à Québec (à Paris / à New York).
7. Pour vivre bien, il faut être riche (avoir beaucoup de vacances / avoir des ami[e]s).

● PAGE 309

2 À Montréal

1. Je suis sorti(e). J'ai pris le bus. J'ai fait une promenade dans le Vieux Montréal.
2. Stéphanie est passée à la Place Ville Marie. Elle a acheté des vêtements. Elle a choisi un jean.
3. Tu es passé(e) à la bibliothèque municipale. Tu as rendu les livres. Tu as choisi d'autres livres.
4. Nous avons pris le métro. Nous sommes monté(e)s à Bonaventure. Nous sommes descendu(e)s à Mont-Royal.
5. Les touristes ont visité le Parc Olympique. Ils sont montés à la Tour Olympique. Ils ont acheté des souvenirs.
6. Jean-Paul est venu chez moi. Il a étudié avec moi. Il est parti à six heures.
7. Claire et Sophie ont fait une promenade. Elles se sont arrêtées dans une crêperie. Elles ont mangé des crêpes.
8. Nous nous sommes promené(e)s. Nous nous sommes arrêté(e)s au Parc du Mont-Royal. Nous nous sommes reposé(e)s.

3 Conversations

1. — Qu'est-ce que tu as fait hier après-midi?
   — J'ai fait des achats.
   — Et après?
   — Je suis rentré(e) chez moi.
2. — Qu'est-ce que tu as fait à midi?
   — Je suis passé(e) à la bibliothèque.
   — Et après?
   — J'ai déjeuné à la cantine.
3. — Qu'est-ce que tu as fait après le dîner?
   — J'ai fini mes devoirs.
   — Et après?
   — Je me suis couché(e).
4. — Qu'est-ce que tu as fait samedi après-midi?
   — J'ai acheté des vêtements.
   — Et après?
   — Je suis sorti(e) avec des copains.
5. — Qu'est-ce que tu as fait dimanche soir?
   — J'ai aidé ma mère.
   — Et après?
   — J'ai vu un film à la télé.
6. — Qu'est-ce que tu as fait samedi matin?
   — J'ai rangé ma chambre.
   — Et après?
   — Je me suis promené(e).

● PAGE 310

4 En ville

1. Je parle à une dame qui attend le bus.
2. Je regarde des maisons qui ont une architecture intéressante.
3. Je rends visite à une copine qui habite dans la banlieue.
4. Je vais dans un café qui sert d'excellents sandwichs.
5. J'entre dans un magasin qui vend des disques de rock.
6. Je rencontre des copains qui vont à un concert.
7. Je vois des touristes qui prennent des photos.
8. Je prends un bus qui va au centre-ville.

5 Au choix

1. Je préfère une maison qui a une piscine (qui a un beau jardin).
2. Je préfère un quartier qui est très calme (qui est très animé).
3. Je préfère une ville qui a beaucoup de magasins (qui a un grand parc).
4. Je préfère des voisins qui sont sympathiques (qui sont très riches).

5. Je préfère des magasins qui vendent des vêtements chers (qui vendent des vêtements bon marché).
6. Je préfère des copains qui aiment les sports (qui aiment la musique).
7. Je préfère un appartement qui est moderne (qui est ancien).
8. Je préfère des professeurs qui donnent des bonnes notes (qui donnent des bons conseils).

● **PAGE 311**

6 Expression personnelle *(sample answers)*

1. Paris (Nice / New York / Québec) est une ville que j'aime.
2. *Elle (16 / Sports Illustrated)* est un magazine que je lis.
3. «Jeopardy» («La roue de la fortune» / «The Simpsons») est une émission de télé que j'aime regarder.
4. «Home Alone 2» («Aladdin») est un film que je voudrais voir.
5. Julia Roberts (Cameron Diaz / Julie Delpy) est une actrice que je voudrais rencontrer.
6. Gérard Depardieu (Ben Affleck / Kevin Costner) est un acteur que j'admire beaucoup.
7. Shaquille O'Neal (le président / Neve Campbell) est une personne que j'aimerais connaître.

7 Oui ou non?

1. La biologie est une matière que j'étudie. (La biologie est une matière que je n'étudie pas.)
2. L'espagnol est une langue que je comprends. (L'espagnol est une langue que je ne comprends pas.)
3. San Francisco est une ville que je connais. (San Francisco est une ville que je ne connais pas.)
4. Mes voisins sont des gens que je vois souvent. (Mes voisins sont des gens que je ne vois pas souvent.)
5. Le président des États-Unis est une personne que j'admire.
(Le président des États-Unis est une personne que je n'admire pas.)
6. Oprah Winfrey est une personne que je trouve intéressante.
(Oprah Winfrey est une personne que je ne trouve pas intéressante.)

● **PAGE 312**

8 Qu'est-ce qu'ils font?

1. Frédéric écoute le disque qu'il a acheté.
2. Pauline lit le livre qu'elle a pris à la bibliothèque.
3. Marc téléphone à la fille qu'il a rencontrée au café.
4. Nous dînons avec les amis que nous avons retrouvés.
5. Tu parles du film que tu as vu.
6. Catherine met la robe qu'elle a choisie.
7. Mes copains regardent la vidéocassette qu'ils ont louée.
8. Je mange la pizza que j'ai commandée.

9 La visite de la ville

1. Voici une librairie <u>qui</u> vend des magazines anglais.
2. Voici une boutique <u>qui</u> n'est pas très chère.
3. Voici un musée <u>que</u> je visite souvent.
4. Voici un monument <u>que</u> tu dois visiter.
5. Voici un cinéma <u>qui</u> donne souvent des films américains.
6. Voici un restaurant <u>qui</u> sert des spécialités régionales.
7. Voici le restaurant <u>que</u> je préfère.
8. Voici un hôtel <u>qui</u> est très confortable.
9. Voici un hôtel <u>que</u> les guides touristiques recommandent.

10 Commentaires personnels *(sample answers)*

1. J'ai une copine qui fait du parapente (qui joue au basket, qui parle espagnol).
2. J'ai un copain que j'admire (que j'invite à ma boum).
3. J'ai des voisins qui sont très sympathiques (qui ont un chien, qui vont en France pendant les vacances).
4. J'ai des voisins que je trouve sympathiques (que j'aime beaucoup, que je vois souvent).
5. J'habite dans une ville qui est très animée (qui a beaucoup de monuments, qui est en Californie).
6. J'habite dans une ville que je déteste (que les français connaissent bien, que les guides touristiques recommandent).
7. J'habite dans une maison qui est très jolie (qui a sept pièces, qui n'est pas très grande).
8. J'ai une chambre qui est au premier étage (qui a deux fenêtres, qui n'est pas très jolie).

À votre tour!

1 Une devinette *(sample answers)*

C'est un objet très pratique. C'est un objet qu'on trouve dans les bibliothèques et dans les librairies. C'est un objet qui a beaucoup de pages et qui donne beaucoup d'informations et de définitions. C'est un objet qu'on utilise pour étudier. Qu'est-ce que c'est? *(Réponse: un dictionnaire)*

C'est une ville qui est la plus ancienne du Canada. C'est une ville qui est très jolie. C'est une ville que les touristes américains aiment visiter pour parler français parce que c'est une ville qui est dans une province francophone du Canada. *(Réponse: Québec)*

● PAGE 313

Lecture: Qu'est-ce qu'ils achètent?

Amélie achète un poster.
Frédéric achète une bouteille de parfum.
Madame Durand achète un four à micro-ondes.
Monsieur Pascal achète une boîte de chocolats.

LEÇON 23 Vidéo-scène: À Menthon-Saint-Bernard

● PAGE 315

Compréhension

1. Menthon-Saint-Bernard est un village près d'Annecy.
2. Ils vont à l'école où Pierre allait quand il était petit.
3. Ils vont à la plage.
4. Ils vont à la maison où Pierre habitait.
5. Pierre leur montre la maison. Quand il touche la porte, il déclenche l'alarme.

● PAGE 317

1 Les voisins

1. Avant, Jérôme habitait à Bordeaux.
2. Avant, Alice et Thomas habitaient à la campagne.
3. Avant, vous habitiez dans la banlieue.
4. Avant, tu habitais chez tes grands-parents.
5. Avant, j'habitais en Amérique.
6. Avant, nous habitions à San Francisco.
7. Avant, Marc et André habitaient à Paris.
8. Avant, les Dupont habitaient à Strasbourg.

2 Pendant la classe

1. Sophie se regardait dans une glace.
2. Jacques mangeait du chocolat.
3. Vous vous amusiez.
4. Tu te peignais.
5. Vous parliez à vos amis.
6. Je finissais le problème de maths.
7. Nous finissions les exercices d'anglais.
8. Pauline répondait à une lettre.

● PAGE 318

3 La tempête de neige

1. Oui, nous jouions aux cartes.
2. Non, vous ne jouiez pas au volley.
3. Non, tu ne te promenais pas à vélo.
4. Non, Charles n'attendait pas le bus.
5. Oui, Corinne dormait.
6. Non, Sylvie et Claire ne faisaient pas de jogging.
7. Oui, je faisais mes devoirs.
8. Oui, ma mère écrivait des lettres.
9. Oui, François lisait un livre.
10. Non, nous ne faisions pas de promenade.

2 L'explosion

1. Nous étions au café. Nous buvions une limonade.
2. Alice était à la bibliothèque. Elle lisait un livre.
3. Vous étiez à la maison. Vous faisiez la vaisselle.
4. Tu étais dans ta chambre. Tu écrivais une lettre.
5. Les touristes étaient au jardin public. Ils prenaient des photos.
6. Mon grand-père était chez lui. Il dormait.
7. J'étais chez les voisins. Je faisais du baby-sitting.

● PAGE 319

5 Quand j'étais petit(e) . . . *(sample answers)*

1. Ma famille et moi, nous habitions (dans la banlieue).
2. J'allais à l'école (à pied).
3. À la télé, je regardais surtout (les dessins animés).
4. Mon acteur favori était (Matt Damon).
5. Ma bande dessinée favorite était *(Batman)*.
6. Mes amis et moi, nous jouions (au base-ball).
7. Comme animal, j'avais (un hamster).
8. Je collectionnais (les poupées).
9. Le soir, je me couchais (à huit heures).
10. Je voulais être (pilote).

● PAGE 320

6 Il y a cent ans

1. Beaucoup de gens habitaient à la campagne.
2. On ne vivait pas dans des gratte-ciel.
3. On mangeait des produits naturels.
4. On voyageait en train.
5. On n'allait pas en France en avion.
6. Les gens n'avaient pas de réfrigérateurs.
7. Les maisons n'avaient pas d'air conditionné.
8. Les gens travaillaient beaucoup.
9. Tout le monde n'allait pas à l'université.
10. On ne regardait pas de nouvelles à la télé.

7 Un millionnaire *(sample answers)*

Maintenant, il habite dans une grande maison à la campagne.
Maintenant, il a une Rolls Royce.
Maintenant, il porte des vêtements élégants.
Maintenant, il dîne dans de grands restaurants.
Maintenant, il fait du ski nautique, de l'équitation et du tennis.
Maintenant, il voyage dans son avion personnel (dans sa Rolls Royce, en avion).
Maintenant, il passe ses vacances dans sa grande maison en Espagne.

Avant, il habitait dans une vieille maison en ville.
Avant, il avait un vélo.
Avant, il portait de vieux vêtements.
Avant, il ne dînait pas au restaurant (il dînait seul dans un petit restaurant).
Avant, il ne faisait pas de sport. Il n'avait pas le temps. (Avant, il faisait du football, du vélo.)
Avant, il ne voyageait pas. (Avant, il voyageait en train, dans sa vieille voiture.)
Avant, il passait ses vacances chez lui (chez ses parents à la campagne, il faisait du camping).

● **PAGE 321**

8 En vacances

1. L'après-midi, Philippe <u>allait</u> à la piscine.
2. Tous les mardis, Mélanie <u>allait</u> à un concert de jazz.
3. Le matin, Vincent <u>allait</u> au marché.
4. Plusieurs fois, Paul <u>est allé</u> au concert.
5. D'habitude, Marc <u>allait</u> à la plage.
6. Le samedi soir, Pauline <u>allait</u> à la discothèque.
7. Le 3 août, Sylvie <u>est allée</u> à Monaco.
8. Un jour, Anne <u>est allée</u> chez sa grand-mère.
9. Une fois, mon cousin <u>est allé</u> au cirque.
10. Le 14 juillet, Claudine est <u>allée</u> voir le feu d'artifice.

9 Une fois n'est pas coutume

1. HÉLÈNE: Tu jouais tous les jours au volley?
   PATRICK: Oui, mais un jour j'ai joué au rugby.
2. HÉLÈNE: Tu déjeunais tous les jours chez toi?
   PATRICK: Oui, mais un jour j'ai déjeuné au restaurant.
3. HÉLÈNE: Tu dînais tous les jours à sept heures?
   PATRICK: Oui, mais un jour j'ai dîné à neuf heures.
4. HÉLÈNE: Tu sortais tous les jours avec Monique?
   PATRICK: Oui, mais un jour je suis sorti avec Sylvie.
5. HÉLÈNE: Tu allais tous les jours à la discothèque?
   PATRICK: Oui, mais un jour je suis allé à un concert.
6. HÉLÈNE: Tu dansais tous les jours le rock?
   PATRICK: Oui, mais un jour j'ai dansé le cha-cha-cha.
7. HÉLÈNE: Tu rentrais tous les jours à onze heures?
   PATRICK: Oui, mais un jour je suis rentré à minuit.
8. HÉLÈNE: Tu te levais tous les jours à neuf heures?
   PATRICK: Oui, mais un jour je me suis levé à midi.

● **PAGE 322**

10 À ce moment-là . . .

1. Mes parents regardaient la télé.
   Je faisais la vaisselle.
   Ma soeur rangeait sa chambre.
2. Le professeur racontait une histoire.
   Nous écoutions.
   Tu prenais des notes.
3. Nous jouions aux cartes.
   Les voisins dînaient.
   Mon grand-père dormait.
4. J'étais avec mes copains.
   Nous faisions une promenade à la campagne.
   On regardait le ciel.

11 Conversations

1. — Où étais-tu <u>après le déjeuner</u>?
   — J'étais <u>au garage</u>.
   — Qu'est-ce que tu faisais?
   — Je <u>réparais mon vélo</u>.
   — Et qu'est-ce que tu as fait après?
   — J'<u>ai fait une promenade</u>.
2. — Où étais-tu <u>à quatre heures</u>?
   — J'étais dans <u>le jardin</u>.
   — Qu'est-ce que tu faisais?
   — J'<u>aidais mon père</u>.
   — Et qu'est-ce que tu as fait après?
   — Je <u>suis sorti(e)</u>.
3. — Où étais-tu <u>avant le dîner</u>?
   — J'étais dans <u>la rue</u>.
   — Qu'est-ce que tu faisais?
   — Je <u>faisais du jogging</u>.
   — Et qu'est-ce que tu as fait après?
   — J'<u>ai fini mes devoirs</u>.
4. — Où étais-tu <u>à sept heures</u>?
   — J'étais <u>chez un copain</u>.
   — Qu'est-ce que tu faisais?
   — Je <u>dînais avec lui</u>.
   — Et qu'est-ce que tu as fait après?
   — Je <u>suis rentré(e) chez moi</u>.

● **PAGE 323**

À votre tour!

1 Situation: Samedi dernier

- Qui était avec toi?
- Où alliez-vous?
- Qu'est-ce que vous avez fait?

2 Une enquête *(sample answers)*

Qu'est-ce que tu faisais hier soir à (sept) heures?

1. À sept heures, Susan mangeait le dîner.
   À huit heures, Susan faisait la vaisselle.
   À neuf heures, Susan regardait la télé.
2. À sept heures, Bob faisait ses devoirs.
   À huit heures, Bob écoutait ses disques de rock.
   À neuf heures, Bob parlait au téléphone.
3. À sept heures, Lisa aidait son frère.
   À huit heures, Lisa mangeait un snack.
   À neuf heures, Lisa lisait un roman.
4. À sept heures, Michael se promenait à vélo.
   À huit heures, Michael buvait de la limonade.
   À neuf heures, Michael lisait les bandes dessinées.

3 Notre enfance *(sample answer)*

Quand j'étais jeune, j'habitais à Marblehead. J'allais au Bell School. J'y allais à pied. J'aimais la classe d'histoire, mais je n'aimais pas la classe de maths. Je regardais assez souvent la télé. Mon émission favorite était *The Simpsons*. Mon acteur favori était Bruce Willis et mon actrice favorite était Julia Roberts. Mon group favori était Pearl Jam. Le weekend, je jouais au baseball et j'écoutais des disques de rock. Pendant les vacances, ma famille faisait du camping et nous nagions dans les lacs.

4 À six heures hier *(sample answer)*

Ma mère travaillait. Mon père était à la maison. Il téléphonait à mon grand-père. Il lui parlait des prochaines vacances. Ma soeur étudiait dans sa chambre. Elle préparait son examen. Moi, je me reposais. J'écoutais mes compacts et je jouais au Nintendo dans ma chambre. Mon frère préparait le dîner. Il faisait du bruit et ma soeur n'était pas contente.

● PAGE 325

Lecture: À l'école autrefois

Vrai ou faux?

1. C'est faux!
2. C'est faux!
3. C'est vrai!
4. C'est vrai!
5. C'est vrai!

LEÇON 24 Vidéo-scène: Montrez-moi vos papiers!

● PAGE 327

Compréhension

1. Un gendarme arrive sur la scène.
2. Il demande leurs papiers.
3. Il explique qu'il voulait montrer la maison à sa copine parce que c'est la maison où il habitait quand il était petit.
4. Il dit qu'ils ne doivent pas recommencer et il part.

● PAGE 329

1 Un accident

1. Il était deux heures.
2. Il neigeait.
3. Il y avait deux personnes dans la rue.
4. Il y avait une personne.
5. C'était un jeune homme.
6. Le chien a traversé la rue.
7. Elle a heurté le panneau de stop.
8. Elle a téléphoné à la police.
9. Il est sorti de sa voiture.
10. Il est parti avec son chien.
11. Une voiture de police est arrivée.

● PAGE 330

2 Pourquoi pas?

1. Catherine n'est pas allée à la classe de français parce qu'elle avait la grippe.
2. Jérôme n'est pas allé au cinéma parce qu'il avait mal à la tête.
3. Isabelle n'est pas allée au restaurant parce qu'elle n'avait pas faim.
4. Marc n'est pas allé au stade parce qu'il était fatigué.
5. Thomas n'est pas allé au concert parce qu'il n'avait pas de billet.
6. Hélène n'est pas allée au musée parce qu'elle voulait ranger sa chambre.
7. Monsieur Panisse n'est pas allé au bureau parce que c'était samedi.
8. Nous ne sommes pas allé(e)s à la plage parce qu'il faisait froid.
9. Vous n'êtes pas allé(e)s en ville parce qu'il pleuvait.

PAGE 331

3 Excuses

1. — Tu as étudié hier?
   — Non, je n'ai pas étudié.
   — Ah bon? Pourquoi pas?
   — J'avais une migraine.
2. — Tu as fait les courses hier?
   — Non, je n'ai pas fait de courses.
   — Ah bon? Pourquoi pas?
   — J'étais fatigué(e).
3. — Tu as dîné au restaurant hier?
   — Non, je n'ai pas dîné au restaurant.
   — Ah bon? Pourquoi pas?
   — Je n'avais pas assez d'argent.
4. — Tu es allé(e) en classe hier?
   — Non, je ne suis pas allé(e) en classe.
   — Ah bon? Pourquoi pas?
   — J'étais malade.
5. — Tu as téléphoné à Cécile hier?
   — Non, je n'ai pas téléphoné à Cécile.
   — Ah bon? Pourquoi pas?
   — Je n'avais pas son numéro de téléphone.
6. — Tu as fait tes devoirs hier?
   — Non, je n'ai pas fait mes devoirs.
   — Ah bon? Pourquoi pas?
   — Je voulais regarder un film à la télé.

4 Un coup de chance

1. C'était le 3 juillet.
2. Il était deux heures.
3. Il faisait chaud.
4. J'avais soif.
5. Je suis allé(e) dans un café.
6. J'ai commandé une limonade.
7. Une femme est entrée dans le café.
8. Elle était blonde.
9. Elle portait des lunettes noires.
10. Elle était très belle.
11. J'ai reconnu la grande chanteuse Bella Labelle.
12. Je me suis levé(e).
13. Je lui ai demandé un autographe.
14. Elle m'a donné un autographe, sa photo et un billet pour son prochain concert.

5 Pas de chance

Il était neuf heures.
J'étais sur le Boulevard Victor Hugo.
Je rentrais chez moi. (Je rentrais à la maison.)
Oui. Je suis tombé(e) dans la rue.
C'était une Honda.
Non. La visibilité était mauvaise.
Oui. C'était un homme grand avec une moustache.
Il portait un jean et un pull noir.
Non. J'étais trop énervé(e).

PAGE 332

6 Un accident qui finit bien

1. Il a mis sa veste parce qu'il faisait froid.
2. Il a pris sa moto parce qu'il voulait être à l'heure.
3. Il est tombé parce qu'il y avait de la neige.
4. Il est allé à l'hôpital parce qu'il était blessé.
5. Il est resté dix jours à l'hôpital parce qu'il avait une jambe cassée.
6. Il a aimé l'hôpital parce que tout le monde était gentil avec lui.
7. Il est rentré chez lui parce qu'il pouvait marcher avec des béquilles.

7 Pas possible!

1. — J'ai rencontré Jay Leno.
   — Pas possible! Où étais-tu?
   — J'étais à Hollywood.
   — Qu'est-ce que tu faisais?
   — Je visitais les studios de télévision.
   — Qu'est-ce que tu as fait?
   — Je lui ai demandé un autographe.
2. — J'ai vu un accident.
   — Pas possible! Où étais-tu?
   — J'étais dans un café.
   — Qu'est-ce que tu faisais?
   — Je lisais un magazine.
   — Qu'est-ce que tu as fait?
   — J'ai téléphoné à la police.
3. — J'ai vu un OVNI.
   — Pas possible! Où étais-tu?
   — J'étais à la campagne.
   — Qu'est-ce que tu faisais?
   — Je faisais du jogging.
   — Qu'est-ce que tu as fait?
   — Je suis parti(e) à toute vitesse.
4. — J'ai assisté à l'arrivée du Tour de France.
   — Pas possible! Où étais-tu?
   — J'étais sur les Champs-Élysées.
   — Qu'est-ce que tu faisais?
   — Je me promenais avec des amis.
   — Qu'est-ce que tu as fait?
   — J'ai pris des photos.

PAGE 333

8 Êtes-vous un bon témoin?

1. Il était 10 heures.
2. Non, il n'y avait pas de clients dans la banque.
3. Deux personnes sont entrées.
4. L'homme était petit et brun. Il avait peut-être 30 ans.
5. Il portait un costume marron, un chapeau marron, une cravate orange et des chaussures noires.
6. La femme était grande et blonde.

7. Elle portait une jupe longue et bleue et un chemisier vert. Elle portait aussi des lunettes de soleil.
8. L'employé a donné l'argent à l'homme.
9. L'homme a donné l'argent à la femme.
10. La femme a mis l'argent dans son sac.
11. Il était dix heures cinq quand les deux bandits sont sortis.
12. Il pleuvait.
13. Non, il n'y avait pas d'autres voitures dans la rue.
14. Les bandits sont montés dans la voiture.
15. C'était une petite voiture rouge.

À votre tour!

1 Un événement important *(sample answers)*

1. Pour mon dernier dîner de Thanksgiving, il faisait assez beau mais très froid. Nous sommes allés chez mes grands-parents. Nous avons mangé à trois heures de l'après-midi. Le repas était formidable. Il y avait de la dinde rôtie, des pommes de terre et des haricots verts. Pour le dessert, il y avait de la tarte aux pécans. Pendant que nous mangions, il a commencé à neiger. Après le repas, nous sommes sortis pour faire une petite promenade. C'était très beau. Il y avait de la neige sur la campagne. Après, vers neuf heures, nous sommes rentrés à la maison.
2. Mon anniversaire était en juillet, pendant les vacances. J'ai invité tous mes copains et mes amies; il y avait aussi mes cousins et mes voisins. Nous avons préparé le repas ensemble. Il y avait des pizzas, des sandwichs, de la glace, des jus de fruits et du thé glacé. Il faisait très beau et nous avons mangé dans le jardin. Un groupe jouait du rock et nous avons dansé. J'etais très content(e). Mes amis m'ont fait une surprise: ils m'ont donné deux billets pour le prochain concert de Jewel.
3. Dimanche dernier, il faisait très beau et j'ai fait un pique-nique avec ma famille. Nous sommes allés à la campagne. Il y avait un lac. L'eau n'était pas très chaude mais nous avons nagé un peu. Nous avons bien mangé parce que nous avions très faim. Il y avait de la salade de riz avec des olives et des tomates, des sandwichs au thon et des fraises. Nous sommes rentrés vers cinq heures.
4. Il y a deux semaines, je suis allé(e) au mariage de ma cousine. C'était un beau mariage. Il y avait deux cents personnes. Il ne faisait pas très beau mais tout le monde était content. La mariée était très élégante avec sa longue robe blanche, et le marié portait un costume blanc aussi. Il y avait un orchestre qui jouait de la musique brésilienne et tout le monde a dansé. Le repas était délicieux: il y avait des spécialités de tous les pays, mais je n'ai pas beaucoup mangé parce que j'avais la grippe. Après, je suis allé(e) me coucher parce que j'avais mal à la tête.

● PAGES 334–335

Lecture: Au voleur!

Cognate pattern: -que ↔ *-ck, -k, -c*
bloquer to block
masquer to mask
un cheque check
la banque bank
la musique music

INTERLUDE 6 La maison hantée

● PAGE 337

Avez-vous compris?

1. Il est étudiant. Quand il avait 14 ans, sa famille vivait à Marcillac, une petite ville dans le centre de la France.
2. Il voulait toujours avoir raison. Il voulait toujours gagner.
3. Il voulait aller explorer une maison hantée avec Jean-François.

● PAGE 338

Avez-vous compris?

1. La maison avait un air sinistre. On disait qu'elle était habitée par le fantôme d'un ancien fermier.
2. Il pensait qu'il y a peut-être un fantôme. Il avait peur.
3. Il voulait donner une leçon à Benoît.

● PAGE 339

Avez-vous compris?

1. À l'intérieur, il faisait très noir. La maison était abandonnée. Tout était vide.
2. La pluit tombait de plus en plus fort. Il y avait des coups de tonnerre.
3. Il a entendu un bruit étrange. Il pense que le fantôme est dans le grenier.

● PAGE 340

Avez-vous compris?

1. Il ne voulait pas montrer à Benoît qu'il avait peur.
2. C'était une chouette.
3. C'était Benoît la «poule mouillée» et pas Jean-François.

● PAGE 341

Exercice de lecture

un fantôme may mean *phantom* but it often corresponds to *ghost*
commencer may mean *to commence* but it often corresponds to *to begin*
marcher may mean *march* but it often corresponds to *walk*
crier may mean to cry but it often corresponds to *to scream, to yell*

Cognate pattern: er ↔ *-ate*
estimer to estimate
créer to create

Cognate pattern: é ↔ *-ated, -ate*
isolé isolated
désolé desolate

UNITÉ 7 Soyez à la mode

LEÇON 25 Le français pratique: Achetons des vêtements!

PAGE 347

1 Qu'est-ce que tu vas mettre?
(sample answers)

1. — Il va pleuvoir.
   — Qu'est-ce que tu vas mettre?
   — Je vais mettre un imper (un imperméable) et des bottes.
2. — La météo a annoncé de la neige.
   — Qu'est-ce que tu vas mettre?
   — Je vais mettre un pantalon, un pull, un manteau et des bottes.
3. — Je vais jouer au tennis.
   — Qu'est-ce que tu vas mettre?
   — Je vais mettre un tee-shirt (un polo), un short (un survêtement) et des tennis.
4. — Je vais aller à la plage.
   — Qu'est-ce que tu vas mettre?
   — Je vais mettre un maillot de bain, un tee-shirt et des sandales.
5. — Je suis invité(e) à un mariage.
   — Qu'est-ce que tu vas mettre?
   — Je vais mettre une chemise, une cravate et un costume (une robe élégante) et des chaussures.
6. — Je vais sortir avec mon nouveau copain (ma nouvelle copine).
   — Qu'est-ce que tu vas mettre?
   — Je vais mettre un jean, un chemisier (une chemise), un blouson et des baskets.
7. — Mon copain français m'a invité(e) à dîner.
   — Qu'est-ce que tu vas mettre?
   — Je vais mettre un chemisier, une jupe, une veste (un pantalon, une chemise, un blazer) et des chaussures.
8. — Je vais faire une promenade à cheval.
   — Qu'est-ce que tu vas mettre?
   — Je vais mettre un jean, un pull et des bottes.

2 Les valises *(sample answers)*

1. Je vais prendre mon survêtement, mon imper, mes baskets (mes tennis), deux shorts, des tee-shirts, un pull, mon maillot de bain et un pantalon.
2. Je vais prendre mon blouson, des pulls, des pantalons, des chaussettes, des chaussures et mes bottes.
3. Je vais prendre mon imperméable, un jean, un sweat, des tee-shirts, un short, des chaussettes et mes tennis.
4. Je vais prendre des robes (deux pantalons, deux chemises), deux shorts, des tee-shirts et des polos, mon maillot de bain, mes sandales et des tennis.
5. Je vais prendre mon manteau, un blouson, trois pantalons, trois pulls, des chaussettes, des chemises, des chaussures et mes bottes.
6. Je vais prendre deux robes, deux jupes, des tee-shirts, des chemisiers et une veste (quatre pantalons, un blazer, cinq chemises, trois polos), un pull, des collants (des chaussettes), des chaussures et des tennis.

PAGE 348

3 Joyeux anniversaire! *(sample answers)*

1. Pour mon meilleur copain, je vais acheter une casquette (une ceinture, des lunettes de soleil, un portefeuille, un sweat).
2. Pour ma petite soeur, je vais acheter des boucles d'oreille (un foulard, un parapluie, une bague, un collier, un sac).
3. Pour mon petit frère, je vais acheter un portefeuille (une casquette, une ceinture).
4. Pour ma cousine, je vais acheter un bracelet (un collier, un parapluie, des lunettes de soleil).
5. Pour ma meilleure copine, je vais acheter une chaîne avec une médaille (des boucles d'oreille, un sac).
6. Pour ma soeur aînée, je vais acheter un sac (un parapluie, un foulard, un bracelet).
7. Pour ma mère, je vais acheter un parapluie (des lunettes de soleil, un collier, un sac, des gants, une bague).
8. Pour mon prof de français, je vais acheter une ceinture (un chapeau, un portefeuille, un parapluie, un bracelet).

PAGE 349

4 Et vous? *(sample answers)*

1. Je porte un pantalon en velours vert (un jean noir, une jupe de laine rouge), une chemise jaune et marron à carreaux (un tee-shirt en coton, un chemisier bleu à fleurs), des chaussettes jaunes (bleu clair / des collants rouges), des chaussures en cuir marron (bleu), une chaîne en or (des boucles d'oreille en plastique bleu foncé).
2. Il porte un pantalon en coton beige (en laine grise), une veste en laine verte (un blazer en laine bleu foncé), un polo en coton blanc uni (une chemise à rayures bleues et une cravate en soie verte unie), des chaussettes beiges (bleus) et des chaussures en cuir marron (noir).

Elle porte un tailleur jaune en laine et un chemisier orange et blanc à pois (une jupe en coton rose et un chemisier blanc et rose à fleurs), des collants et des chaussures en cuir blanc.

3. Il porte un jean en coton bleu uni (un pantalon marron), un tee-shirt à bandes horizontales violettes et bleues (une chemise en coton à carreaux beiges et marron), un blouson en cuir noir (une veste en laine verte), des chaussettes bleues à pois (beiges unies) et des baskets (des chaussures marron en cuir).
4. Elle porte une robe blanche en coton (un jean noir et un chemisier violet uni), des sandales blanches en cuir (des bottes violettes en caoutchouc et des chaussettes violet en coton) et des boucles d'oreille et un bracelet en argent (en or).

● PAGE 350

5 La transformation de Mademoiselle Jolivet

Vendredi au bureau, elle portait une chemise blanche, une veste bleue à rayures, une jupe bleue, des chaussures noires et des lunettes.

Samedi soir, à la discothèque, elle portait un chemisier bleu clair à fleurs rouges et jaunes, une large ceinture verte, une jupe rouge unie, des chaussures rouges, des boucles d'oreille et un bracelet en plastique vertes.

Dimanche après-midi, à la plage, elle portait des lunettes de soleil, un chapeau à pois, un maillot de bain à rayures, un grand sac jaune, rouge et vert et des bracelets en plastique de couleur.

6 En quelle matière? *(sample answers)*

1. Une chemise peut être en coton, en nylon, en polyester, en velours, en laine, en toile ou en soie.
2. Un pantalon peut être en coton, en toile, en polyester, en velours, en velours côtelé, en laine, en cuir ou en soie.
3. Un blouson peut être en cuir, en laine, en toile, en fourrure, en nylon, en polyester, en soie, en velours ou en velours côtelé.
4. Un sac peut être en cuir, en plastique, en coton, en toile, en soie ou en velours.
5. Un portefeuille peut être en cuir, en nylon ou en plastique.
6. Des chaussures peuvent être en cuir, en toile ou en plastique.
7. Une veste peut être en laine, en toile, en coton, en polyester, en cuir, en velours, en velours côtelé, en soie ou en fourrure.
8. Une ceinture peut être en cuir, en plastique, en nylon, en toile ou en soie.
9. Un pull peut être en laine ou en coton.
10. Des bottes peuvent être en cuir ou en caoutchouc.
11. Une bague peut être en argent ou en or.
12. Des boucles d'oreille peuvent être en argent, en or ou en plastique.

7 Conversation

1. —Vous désirez?
   —Je cherche des bottes.
   —En caoutchouc ou en cuir?
   —Je préfère les bottes de cuir (de caoutchouc).
2. —Vous désirez?
   —Je cherche une veste.
   —En laine ou en velours?
   —Je préfère les vestes de velours (de laine).
3. —Vous désirez?
   —Je cherche un pantalon (un jean).
   —En toile ou en velours côtelé?
   —Je préfère les pantalons de toile (de velours côtelé).
4. —Vous désirez?
   —Je cherche un portefeuille.
   —En cuir ou en plastique?
   —Je préfère les portefeuilles de cuir (de plastique).
5. —Vous désirez?
   —Je cherche un foulard.
   —En laine ou en soie?
   —Je préfère les foulards de soie (de laine).

8 Questions personnelles *(sample answers)*

1. Ma couleur préférée est le bleu (le vert, le noir, le rose, le violet). J'ai des tee-shirts (des chemises, des chemisiers, une jupe, des pantalons) de cette couleur.
2. Oui, j'ai un portefeuille. Il est en cuir (en nylon, en plastique). Oui, j'ai une montre. Elle est en or (en argent, en plastique). Oui, j'ai une chaîne. Elle est en or (en argent). (Non, je n'ai pas de portefeuille / de montre / de chaîne.)
3. Oui, je porte une chemise (un chemisier). Elle (Il) est blanche (blanc). Elle (Il) est en coton (en polyester, en toile, en velours côtelé). (Non, je ne porte pas de chemise / de chemisier.)
4. Oui, quelqu'un dans la classe porte une chemise avec un dessin particulier. C'est une chemise orange avec des oiseaux violets et roses. (Non, personne dans la classe ne porte de chemise avec un dessin particulier.)
5. Je choisis une cravate verte (bleue, rouge, marron) à rayures (à pois, unie, à fleurs).

PAGE 352

9 Questions personnelles *(sample answers)*

1. Oui, il y a des grands magasins dans la ville où j'habite. / Oui, il y en a. (Non, il n'y a pas de grands magasins dans la ville où j'habite. / Non, il n'y en a pas.) Ils s'appellent Bloomingdale's et Jordan Marsh.
2. Oui, il y a des boutiques de vêtements. / Oui, il y en a. (Non, il n'y a pas de boutiques de vêtements. / Non, il n'y en a pas.) Elles s'appellent Promod, The Gap, Cotton Club. Dans ces boutiques, on vend des vêtements bon marché (élégants, super, affreux, trop chers).
3. Quand j'achète des vêtements, la chose la plus importante est le style (la qualité, le prix).
4. Oui, quand j'achète des vêtements (ou des chaussures), j'essaie beaucoup de choses avant de prendre une décision. (Non, je n'essaie pas beaucoup de choses avant de prendre une décision.)

10 Qu'est-ce qui ne va pas?

1. — Cette robe vous va?
   — Non, elle est trop grande.
2. — Cette veste vous va?
   — Non, elle est trop étroite (petite).
3. — Ce manteau vous va?
   — Non, il est trop long (grand).
4. — Ce sweat vous va?
   — Non, il est trop petit (court).
5. — Ce costume vous va?
   — Non, il est trop court (petit).
6. — Ces tennis te vont?
   — Non, ils sont trop grands.

11 Questions et réponses

1. (c) — Vous désirez?
   — Je voudrais essayer ce manteau.
2. (d) — Ce manteau vous va?
   — Non, il est trop court.
3. (e) — Ces bottes vous vont?
   — Oui, elles sont très confortables.
4. (a) — Quelle est votre pointure?
   — Je fais du 38.
5. (f) — Comment trouvez-vous cette veste?
   — Elle me plaît beaucoup, mais elle est un peu chère.
6. (b) — Vous avez choisi?
   — Non, je vais réfléchir.

PAGE 353

Au Jour Le Jour

12 Shopping

(A) — Je cherche une veste.
— Non, cette veste ne me va pas. Elle est trop (courte / étroite).
— Oui, elle me plaît beaucoup. Je pense qu'elle est très élégante. Combien est-ce qu'elle coûte?
— C'est trop cher. Je vais chercher autre chose.

(B) — Je cherche des (chaussures noires en cuir).
— Je fais du (39).
— Oui. Elles me vont bien. Combien est-ce qu'elles coûtent?
— D'accord. Je vais les acheter.

LEÇON 26 Vidéo-scène: Armelle compte son argent

UNITÉ 7

PAGE 355

Compréhension

1. La scène se passe chez Armelle.
2. Elle veut acheter une nouvelle robe pour la soirée de Pierre, mais elle n'a pas beaucoup d'argent.
3. Elle a 330 francs.
4. Elle lui suggère d'aller dans une boutique dans la rue Carnot qui a souvent des soldes.

PAGE 356

1 C'est combien?

— Pardon, mademoiselle (monsieur), combien coûte le blouson?
— Il coûte cent vingt euros.
— Merci.

— Pardon, mademoiselle (monsieur), combien coûte le manteau?
— Il coûte cent soixante-dix euros.
— Merci.

— Pardon, mademoiselle (monsieur), combien coûte le vélo?
— Il coûte deux cent trente euros.
— Merci.

— Pardon, mademoiselle (monsieur), combien coûte l'ordinateur?
— Il coûte mille cent euros.
— Merci.

— Pardon, mademoiselle (monsieur), combien coûte la télé?
— Elle coûte deux mille deux cents euros.
— Merci.

— Pardon, mademoiselle (monsieur), combien coûte la voiture?
— Elle coûte quarante-cinq mille euros.
— Merci.

● PAGE 357

2 La course

1. Nathalie est arrivée vingt-cinquième.
2. Jean-Pierre est arrivé sixième.
3. Jérôme est arrivé douzième.
4. Éric est arrivé premier.
5. Philippe est arrivé quarantième.
6. Pauline est arrivée neuvième.
7. François est arrivé dixième.
8. Corinne est arrivée dix-septième.
9. Isabelle est arrivée centième.

3 Substitutions

1. Philippe porte une chemise verte / des chaussettes vertes / un pull vert.
2. Je vais acheter des chaussures italiennes / une veste italienne / une ceinture italienne.
3. Est-ce que ce foulard est anglais / ces lunettes sont anglaises / cette cravate est anglaise?
4. Cette robe est mignonne. / Ces chemises sont mignonnes. / Ce maillot de bain est mignon.
5. Ce bracelet est trop cher. / Ces boucles d'oreille sont trop chères. / Ces colliers sont trop chers.
6. Ce vendeur est très sérieux. / Ces employés sont très sérieux. / Mes copines sont très sérieuses.
7. Éric est sportif. / Paul et David sont sportifs. / Mes cousines sont sportives.
8. Ces sandales sont originales. / Ce chapeau est original. / Ces tee-shirts sont originaux.
9. Ces couleurs sont naturelles. / Ce textile est naturel. / Cette boisson est naturelle.
10. En classe, ses copains son très attentifs. / Mélanie est très attentive. / Isabelle et Sophie sont très attentives.

● PAGE 358

4 Expression personnelle

1. Notre école est une belle (nouvelle, vieille) école.
2. Mon immeuble est un bel (nouvel, vieil) immeuble.
3. Dans mon quartier, il y a beaucoup de belles (nouvelles, vieilles) maisons.
4. Les voisins ont une belle (nouvelle, vieille) voiture.
5. Avec mon argent, je voudrais acheter un bel (nouvel) appareil-photo.
6. Quand je travaille dans le jardin, je mets un vieux tee-shirt et des vieilles chaussures.
7. Ma copine a mis des beaux (nouveaux) vêtements pour aller à un mariage.
8. Au Marché aux puces, on peut acheter des vieilles (belles) choses.
9. Dans les musées, on peut voir des vieilles (belles) voitures.

5 Pas d'accord

1. JEAN-MICHEL: Comment trouves-tu mon nouvel imper?
   CHRISTINE: Il est assez beau.
   JEAN-MICHEL: Assez beau? Tu ne l'aimes pas?
   CHRISTINE: Si, mais je préfère ton vieil imper.
2. JEAN-MICHEL: Comment trouves-tu mon nouveau blouson?
   CHRISTINE: Il est assez beau.
   JEAN-MICHEL: Assez beau? Tu ne l'aimes pas?
   CHRISTINE: Si, mais je préfère ton vieux blouson.
3. JEAN-MICHEL: Comment trouves-tu mes nouvelles chaussures?
   CHRISTINE: Elles sont assez belles.
   JEAN-MICHEL: Assez belles? Tu ne les aimes pas?
   CHRISTINE: Si, mais je préfère tes vieilles chaussures.
4. JEAN-MICHEL: Comment trouves-tu ma nouvelle veste?
   CHRISTINE: Elle est assez belle.
   JEAN-MICHEL: Assez belle? Tu ne l'aimes pas?
   CHRISTINE: Si, mais je préfère ta vieille veste.
5. JEAN-MICHEL: Comment trouves-tu mes nouvelles baskets?
   CHRISTINE: Elles sont assez belles.
   JEAN-MICHEL: Assez belles? Tu ne les aimes pas?
   CHRISTINE: Si, mais je préfère tes vieilles baskets.
6. JEAN-MICHEL: Comment trouves-tu mon nouveau jean?
   CHRISTINE: Il est assez beau.
   JEAN-MICHEL: Assez beau? Tu ne l'aimes pas?
   CHRISTINE: Si, mais je préfère ton vieux jean.

PAGE 359

6 Expression personnelle *(sample answers)*

1. J'étudie consciencieusement (attentivement, facilement).
2. Je fais mes devoirs sérieusement (patiemment, difficilement).
3. J'écoute le professeur attentivement (patiemment, poliment).
4. En général, j'aide mes amis généreusement (simplement, facilement).
5. Je parle à mes parents poliment (calmement, sérieusement).
6. En général, j'attends mes amis patiemment (calmement).
7. En général, j'arrive à l'école ponctuellement.
8. Quand j'ai un problème, j'agis prudemment (patiemment, calmement).
9. Quand je vais à un match de baseball, je m'habille simplement (rapidement, prudemment).
10. Quand je vais à un mariage, je m'habille élégamment (consciencieusement, lentement).

7 Comment?

1. Elle lit le livre rapidement.
2. Il fait du sport activement.
3. Elle aide ses amis généreusement.
4. Il fait ses devoirs consciencieusement.
5. Il s'habille élégamment.
6. Elle répond au professeur intelligemment.

PAGE 360

À votre tour!

1 Situation: Au grand magasin

- À quel étage vas-tu? (À quel étage est-ce que tu vas?)
- Qu'est-ce que tu vas acheter?
- Combien veux-tu dépenser? (Combien est-ce que tu veux dépenser?)
- Est-ce que c'est un cadeau? Pour qui?

2 Préparatifs de voyage

Liste d'achats *(sample answer)*
1. un maillot de bain
2. des lunettes de soleil
3. un sac

Dialogue *(sample answer)*
—Dans quel magasin vas-tu aller pour acheter ces choses?
—Je vais à Filene's.
—À quels rayons vas-tu faire tes achats?
—Je vais aller aux rayons de vêtements de femmes et d'articles de sport.
—Combien d'argent vas-tu dépenser?
—Je vais dépenser cent cinquante dollars.

PAGE 361

Lecture: Le 5 000 mètres

1. Paul	vert	4. Nicolas	rose
2. André	rouge	5. Christine	bleu
3. Stéphanie	orange	6. Thomas	jaune

LEÇON 27 Vidéo-scène: Corinne a une idée

PAGE 363

Compréhension

1. Elles sont dans une boutique.
2. Elles cherchent une robe pour Armelle.
3. Les robes sont trop chères.
4. Elle lui propose d'aller chez sa grand-mère, qui a beaucoup de robes anciennes.

PAGE 365

1 Et vous? *(sample answers)*

Je suis plus jeune que ma soeur. Je (ne) suis (pas) plus grand(e) qu'elle. Je suis aussi sportif (sportive) qu'elle.

Je suis aussi bon(ne) en français que mon copain. Je suis meilleur(e) en maths que lui. Je suis moins sportif (sportive) que lui.

Je suis moins optimiste que ma copine. Je suis plus sérieux (sérieuse) qu'elle. Je suis aussi patient(e) qu'elle.

Je suis aussi sérieux (sérieuse) que mes camarades de classe. Je suis moins patient (patiente) qu'eux. Je suis meilleur(e) en français qu'eux.

PAGE 366

2 À votre avis

1. Le français est plus (moins, aussi) utile que l'italien.
2. Paris est moins grand que New York.
3. La Californie est aussi (plus, moins) jolie que la Floride.
4. King Kong est moins (plus, aussi) méchant que Dracula.
5. Batman est moins (aussi, plus) fort que Tarzan.

UNITÉ

6. Bart Simpson est moins gentil que Charlie Brown.
7. Les filles sont aussi (moins, plus) indépendantes que les garçons.
8. Les adultes sont moins (plus, aussi) idéalistes que les jeunes.
9. L'argent est moins (aussi, plus) important que l'amitié.
10. Les Yankees sont aussi bons (moins bons, meilleurs) que les Red Sox.
11. Les voitures japonaises sont aussi bonnes (moins bonnes, meilleures) que les voitures américaines.
12. La cuisine française est meilleure (aussi bonne, moins bonne) que la cuisine américaine.

3 Rien n'est parfait!

1. — Tu vas acheter la chemise de laine?
   — Non, je vais acheter la chemise de nylon.
   — Ah bon. Pourquoi?
   — Parce qu'elle est plus légère.
   — C'est vrai, mais elle n'est pas aussi jolie.
   — Rien n'est parfait!
2. — Tu vas prendre le sac en plastique?
   — Non, je vais prendre le sac en toile.
   — Ah bon. Pourquoi?
   — Parce qu'il est plus grand.
   — C'est vrai, mais il n'est pas aussi solide.
   — Rien n'est parfait!
3. — Tu vas mettre ta veste de laine?
   — Non, je vais mettre ma veste de velours.
   — Ah bon. Pourquoi?
   — Parce qu'elle est plus élégante.
   — C'est vrai, mais elle n'est pas aussi chaude.
   — Rien n'est parfait!
4. — Tu vas louer la voiture de sport?
   — Non, je vais louer le minivan.
   — Ah bon. Pourquoi?
   — Parce qu'il est plus confortable.
   — C'est vrai, mais il n'est pas aussi rapide.
   — Rien n'est parfait!
5. — Tu vas manger la tarte aux fraises?
   — Non, je vais manger le gâteau au chocolat.
   — Ah bon. Pourquoi?
   — Parce qu'il est meilleur.
   — C'est vrai, mais il n'est pas aussi gros.
   — Rien n'est parfait!

4 Préférences *(sample answers)*

1. Je préfère la Corvette. Elle est plus rapide. Elle est moins grande, mais elle est aussi confortable. Elle est plus chère, mais elle est plus jolie.
2. Je préfère la maison blanche. Elle est moins jolie, mais elle est plus moderne. Elle n'est pas aussi intéressante, mais elle est plus confortable.
3. Je préfère la veste de cuir. Elle est plus chère. Elle n'est pas aussi légère, mais elle est aussi confortable. Elle est moins élégante, mais elle est plus pratique.
4. Je préfère le chien noir. Il est moins grand. Il est plus joli. Il est moins méchant. Il est plus mignon.

PAGE 367

5 Expression personnelle

1. Je vais plus vite à l'école en bus (à vélo).
2. Je me lève plus tard le dimanche (le lundi).
3. Je me couche plus tôt le jeudi soir (le samedi soir).
4. Je regarde la télé plus longtemps le weekend (pendant la semaine).
5. Je cours plus lentement quand je suis fatigué(e).
6. Je vais plus souvent à la piscine en été (en hiver).
7. Je m'habille plus élégamment pour un mariage (pour une boum).
8. Je m'habille plus simplement pour un pique-nique (pour une boum).
9. J'étudie mieux le matin (le soir).
10. On mange mieux à la maison (à la cantine de l'école).
11. On mange mieux dans un restaurant italien (dans un restaurant chinois).

PAGE 368

6 Le savez-vous?

1. f
2. g
3. c
4. e
5. d
6. a
7. h
8. b

7 Les champions *(sample answers)*

1. Le meilleur acteur de cinéma est Kevin Costner.
2. La meilleure actrice est Michelle Pfeiffer.
3. Le meilleur chanteur est Lenny Kravitz.
4. La meilleure chanteuse est Whitney Houston.
5. Le meilleur groupe musical est Smashmouth.
6. Le meilleur athlète professional est Wayne Gretzky.
7. La meilleure athlète est Steffi Graf.
8. Le comédien le plus drôle est Robin Williams.
9. La comédienne la plus drôle est Roseanne Arnold.
10. La meilleure émission de télé est *Friends.*
11. Le meilleur film de l'année est *Star Wars.*
12. La meilleure équipe de baseball est les Toronto Blue Jays.
13. La meilleure équipe de basket est les Cleveland Cavaliers.
14. La meilleure équipe de football américain est les Dallas Cowboys.

8 Questions personnelles *(sample answers)*

1. À mon avis, le sport le plus intéressant est le tennis (la planche à voile, le golf, le ski, le karaté). Le sport le plus difficile est le parapente (le karaté, l'équitation). Le sport le plus dangereux est le ski (le surf, l'alpinisme, la planche à roulettes). Le sport le moins intéressant est le jogging (le golf, la natation).
2. La classe la plus intéressante est la classe de français (d'histoire, de maths, de biologie, de musique). La matière la plus facile est l'anglais (l'espagnol, la musique, l'informatique). La matière la plus utile est les maths (l'anglais, l'informatique, la biologie).
3. La fille la plus sportive de la classe est Monique. Le garçon le plus sportif de la classe est Daniel.
4. La plus jeune personne de ma famille est mon petit frère (ma soeur). (Je suis la personne la plus jeune de ma famille.) La personne la plus âgée de ma famille est mon père (ma mère, mon grand-père, ma grand-mère).
5. La plus grande pièce de ma maison (de mon appartement) est le salon (la salle à manger, la chambre de mes parents). La pièce la plus petite est la salle de bains (la cuisine, ma chambre). La pièce la plus confortable est le salon (la cuisine, ma chambre). La pièce la moins confortable est la salle à manger (la cuisine, la chambre de ma soeur).
6. La plus grande ville de ma région est Boston. La plus jolie ville est Marblehead. La ville la plus intéressante est Hyannis.

● **PAGE 369**

9 Tu as raison

1. THOMAS: C'est un hôtel moderne!
   FLORENCE: Tu as raison! C'est l'hôtel le plus moderne de la ville!
2. THOMAS: C'est un costume cher!
   FLORENCE: Tu as raison! C'est le costume le plus cher du magasin!
3. THOMAS: C'est une pièce confortable!
   FLORENCE: Tu as raison! C'est la pièce la plus confortable de l'appartement!
4. THOMAS: C'est un professeur intéressant!
   FLORENCE: Tu as raison! C'est le professeur le plus intéressant de l'école!
5. THOMAS: C'est un élève sérieux!
   FLORENCE: Tu as raison! C'est l'élève le plus sérieux de la classe!
6. THOMAS: C'est un copain sympathique!
   FLORENCE: Tu as raison! C'est le copain le plus sympathique de notre groupe!
7. THOMAS: C'est une fille sportive!
   FLORENCE: Tu as raison! C'est la fille la plus sportive du club!

À votre tour!

1 Situation: En visite

- Quel est le restaurant le moins cher?
- Quels sont les magasins les plus intéressants?
- Quelle est la boutique la moins chère?
- Quel est le plus grand supermarché?
- Quel est le meilleur magasin de musique?

2 Anniversaire *(sample answers)*

- — J'ai choisi les baskets parce qu'ils sont plus pratiques.
  — Oui, mais les sandales sont plus jolies.
  — D'accord, mais ils sont plus utiles.
  — Je trouve que les sandales sont plus confortables.
  — Peut-être, mais les baskets sont plus solides.
- — J'ai choisi le survêtement parce qu'il est plus confortable.
  — Oui, mais la veste est plus économique.
  — D'accord, mais elle n'est pas aussi pratique que le survêtement.
  — Je trouve que la veste est plus jolie.
  — Peut-être, mais le survêtement est plus utile.
- — J'ai choisi le discman parce qu'il est plus utile.
  — Oui, mais le walkman est plus économique.
  — D'accord, mais il n'est pas aussi pratique.
  — Je trouve que le walkman est plus intéressant.
  — Peut-être, mais le discman est plus solide.
- — J'ai choisi la montre parce qu'elle est plus pratique.
  — Oui, mais l'appareil-photo est plus intéressant.
  — D'accord, mais il n'est pas aussi utile.
  — Je trouve que l'appareil-photo est plus solide.
  — Peut-être, mais la montre est plus jolie.
- — J'ai choisi le pull parce qu'il est moins cher.
  — Oui, mais le polo est plus confortable.
  — D'accord, mais il n'est pas aussi chaud.
  — Je trouve que le polo est plus joli.
  — Peut-être, mais le pull est plus pratique.
- — J'ai choisi les chaussures parce qu'elles sont plus confortables.
  — Oui, mais les bottes sont plus solides.
  — D'accord, mais elles ne sont pas aussi économiques.
  — Je trouve que les bottes sont plus jolies.
  — Peut-être, mais les chaussures sont plus pratiques.

● **PAGES 370–371**

Lecture: Quelques records

1. l'antilope. Sur une distance d'une mile, l'antilope peut atteindre une vitesse de 42 miles à l'heure.
2. 26 roues
3. $55 000

UNITÉ 7

4. 365 jours (21 décembre 1987 au 21 décembre 1988) par un Soyouz russe. L'astronaute français Jean-Loup Chrétien était membre de l'équipage.
5. Martin.
6. Moins de dix ans. Il a servi de barreur *(cox)* à l'équipe de Hollande.
7. La Tour Eiffel a servi de support publicitaire de 1925 à 1936.
8. Un Japonais a payé 82,5 millions de dollars pour ce portrait.
9. Dix millions de spectateurs assistent au passage du Tour de France.
10. Tous les maires de France ont été invités à ce banquet qu'on appelle «le Banquet des Maires».

Cognate pattern: -ir ↔ *-ish*
accomplir to accomplish
établir to establish

LEÇON 28 Vidéo-scène: Les vieilles robes de Mamie

● PAGE 373

Compréhension

1. Elle est dans le jardin.
2. Elles veulent voir les vieilles robes que la grand-mère a dans son grenier.
3. Elles essaient des robes et des chapeaux.
4. Il pense qu'elles sont géniales.

● PAGE 374

1 Au centre commercial

1. —Est-ce que je peux essayer cette chemise?
—Laquelle?
—Cette chemise bleue.
—Mais oui, bien sûr. Voilà.
—Merci.
2. —Est-ce que je peux essayer ce pantalon?
—Lequel?
—Ce pantalon gris.
—Mais oui, bien sûr. Voilà.
—Merci.
3. —Est-ce que je peux essayer ce survêtement?
—Lequel?
—Ce survêtement rouge.
—Mais oui, bien sûr. Voilà.
—Merci.
4. —Est-ce que je peux essayer ces sandales?
—Lesquelles?
—Ces sandales marron.
—Mais oui, bien sûr. Voilà.
—Merci.
5. —Est-ce que je peux essayer ces gants?
—Lesquels?
—Ces gants blancs.
—Mais oui, bien sûr. Voilà.
—Merci.
6. —Est-ce que je peux essayer ce pull?
—Lequel?
—Ce pull orange.
—Mais oui, bien sûr. Voilà.
—Merci.
7. —Est-ce que je peux essayer cette casquette?
—Laquelle?
—Cette casquette noire.
—Mais oui, bien sûr. Voilà.
—Merci.

● PAGE 376

2 Clients difficiles

1. — Comment trouvez-vous ces chaussures?
— Elles sont trop larges.
— Et celles-ci?
— Elles sont trop étroites.
— Et celles-là?
— Elles sont trop grandes.
2. — Comment trouvez-vous cet imper?
— Il est trop court.
— Et celui-ci?
— Il est trop long.
— Et celui-là?
— Il est trop cher.
3. — Comment trouvez-vous ces tee-shirts?
— Ils sont trop petits.
— Et ceux-ci?
— Ils sont trop longs.
— Et ceux-là?
— Ils sont trop bizarres.
4. — Comment trouvez-vous ces cravates?
— Elles sont trop simples.
— Et celles-ci?
— Elles sont trop criardes.
— Et celles-là?
— Elles sont trop chères.
5. — Comment trouvez-vous ce maillot de bain?
— Il est trop grand.
— Et celui-ci?
— Il est trop étroit.
— Et celui-là?
— Il est trop moche.

6. — Comment trouvez-vous cette raquette de tennis?
   — Elle est trop lourde.
   — Et celle-ci?
   — Elle est trop légère.
   — Et celle-là?
   — Elle est trop chère.

3 À qui est-ce?

1. CLAIRE: C'est ton portefeuille?
   PHILIPPE: Non, c'est celui de mon cousin.
2. CLAIRE: C'est ta cravate?
   PHILIPPE: Non, c'est celle de mon père.
3. CLAIRE: C'est ta casquette?
   PHILIPPE: Non, c'est celle de ma soeur.
4. CLAIRE: Ce sont tes lunettes de soleil?
   PHILIPPE: Non, ce sont celles de mon copain.
5. CLAIRE: C'est ton survêtement?
   PHILIPPE: Non, c'est celui de Nicolas.
6. CLAIRE: Ce sont tes gants?
   PHILIPPE: Non, ce sont ceux de Thomas.
7. CLAIRE: C'est ton parapluie?
   PHILIPPE: Non, c'est celui d'Alice.
8. CLAIRE: C'est ta ceinture?
   PHILIPPE: Non, c'est celle de Marc.

4 Au choix

1. Je préfère ceux qui sont stricts. (Je préfère ceux qui donnent de bonnes notes.)
2. Je préfère celle qui est économique. (Je préfère celle qui va vite.)
3. Je préfère celui qui est grand. (Je préfère celui qui est très moderne.)
4. Je préfère celle qui aime les sports. (Je préfère celle qui aime la musique.)
5. Je préfère ceux qui ont des idées originales. (Je préfère ceux qui pensent comme moi.)
6. Je préfère celle qui vend des vêtements élégants. (Je préfère celle qui vend des vêtements bon marché.)
7. Je préfère celles qui sont confortables. (Je préfère celles qui sont à la mode.)

● **PAGE 377**

5 À vrai dire

1. JEAN-PIERRE: Tu aimes ma veste?
   CAROLINE: À vrai dire, je préfère celle que tu portais hier.
   JEAN-PIERRE: Ah bon? Pourquoi?
   CAROLINE: Elle était plus jolie.
2. JEAN-PIERRE: Tu aimes ma nouvelle copine?
   CAROLINE: À vrai dire, je préfère celle que tu avais l'année dernière.
   JEAN-PIERRE: Ah bon? Pourquoi?
   CAROLINE: Elle était moins snob et plus gentille.
3. JEAN-PIERRE: Tu aimes ces compacts?
   CAROLINE: À vrai dire, je préfère ceux que tu écoutais hier soir.
   JEAN-PIERRE: Ah bon? Pourquoi?
   CAROLINE: Ils étaient plus intéressants.
4. JEAN-PIERRE: Tu aimes cette vidéocassette?
   CAROLINE: À vrai dire, je préfère celle que tu regardais ce matin.
   JEAN-PIERRE: Ah bon? Pourquoi?
   CAROLINE: Elle était plus amusante.
5. JEAN-PIERRE: Tu aimes mon nouveau chien?
   CAROLINE: À vrai dire, je préfère celui que tu avais avant.
   JEAN-PIERRE: Ah bon? Pourquoi?
   CAROLINE: Il était plus mignon.
6. JEAN-PIERRE: Tu aimes ma nouvelle maison?
   CAROLINE: À vrai dire, je préfère celle que tu habitais avant.
   JEAN-PIERRE: Ah bon? Pourquoi?
   CAROLINE: Elle était plus confortable.

À votre tour!

1 Emprunts *(sample answers)*

1. Si je n'ai pas mon livre de français, j'emprunte celui de mon copain (de mon voisin, de ma copine).
2. Si je n'ai pas mes clés, j'emprunte celles de ma soeur (de mon frère, de ma mère).
3. Si je n'ai pas mon appareil-photo, j'emprunte celui de mes copains (de ma soeur, de mon père).
4. Si je n'ai pas de vélo pour faire une promenade, j'emprunte celui de ma voisine (de ma cousine, de mon frère).
5. Quand j'ai besoin d'un ballon pour jouer au basket, j'emprunte celui de mon frère (du club, de mon oncle).
6. Si j'ai envie d'écouter des cassettes, j'emprunte celles de mes copines (de ma soeur, de ma mère).
7. Si j'oublie mes lunettes de soleil, j'emprunte celles de mon copain (de ma copine, de ma soeur).

2 Un catalogue *(sample answers)*

- — Regarde ces deux paires de chaussures. Lesquelles préfères-tu?
  — Je préfère celles-ci.
  — Ah bon? Pourquoi?
  — Elles sont plus jolies. (Je les trouve élégantes . . .).
  — Et celles-là, pourquoi est-ce que tu ne les aimes pas?
  — Eh bien, c'est que je n'aime pas la couleur. (Je n'aime pas le style . . .).
- — Regarde ces deux vélos. Lequel préfères-tu?
  — Je préfère celui-ci.
  — Ah bon? Pourquoi?
  — Il est plus rapide. (J'aime la couleur . . .).

— Et celui-là, pourquoi est-ce que tu ne l'aimes pas?
— Eh bien, c'est que je le trouve moche. (Je n'aime pas la couleur . . .).

• — Regarde ces deux voitures. Laquelle préfères-tu?
— Je préfère celle-ci.
— Ah bon? Pourquoi?
— Elle est plus moderne. (Je la trouve pratique . . .).
— Et celle-là, pourquoi est-ce que tu ne l'aimes pas?
— Eh bien, c'est que je ne la trouve pas économique. (Je n'aime pas la couleur . . .).

● PAGE 379

Lecture: Monsieur Belhomme cherche une veste

Avez-vous compris?

la veste bleue: Elle est un peu trop grande.
la veste en solde: Elle ne va pas à Monsieur Belhomme.
la veste à 300 euros: Elle est trop chère.
la veste sur le cintre: Elle n'est pas à vendre.
la veste marron: Elle est trop classique.
la veste beige: La couleur ne plaît pas à Monsieur Belhomme.

INTERLUDE 7 L'affaire des bijoux

● PAGE 380

Avez-vous compris?

1. Il s'agit d'un vol.
2. C'est un homme qui portait des lunettes de soleil et un imperméable beige. Il parlait avec un léger accent britannique.

● PAGE 383

Avez-vous compris?

1. Elle est nerveuse parce que M. Rochet pense que le client est le voleur.
2. Le client est blond et très élégant. Il a un imperméable beige sur le bras et il parle avec un accent étranger. Il regarde les bagues de la «collection Top Bijou» et finalement il achète une bague ornée d'un gros rubis.
3. Elle regarde des médailles et puis elle sort de la boutique.
4. Il est content parce que le client a payé 100 000 euros en travellers-chèques.

● PAGE 385

Avez-vous compris?

1. Elle voit que les diamants ont disparu.
2. Il dit que le client a volé les diamants.
3. L'article dit que la police a arrêté Sven Éricsen, touriste suédois. Il dit qu'il n'a pas volé les diamants. La police a cherché les diamants dans l'hôtel de M. Ericsen, mais elle trouve seulement la bague qu'il a acheté.

● PAGE 386

Avez-vous compris?

1. Elle est surprise parce que la police n'a pas trouvé les bijoux. Elle sait où ils sont.
2. On ne sait pas encore.
3. Elle va à la police parce qu'elle sait qui est le coupable.

● PAGE 389

Avez-vous compris?

1. Les trois bagues sont dans le tiroir dans la boutique. M. Rochet les a mises là.
2. Il a simulé le vol parce qu'il est en difficultés financières et il voulait réclamer l'assurance de trois millions de francs.

Exercice de lecture

1. La police **a arrêté** le voleur. (a)
   Le gendarme **a arrêté** la voiture. (b)
2. L'accident **est arrivé** hier à onze heures. (b)
   Mon cousin **est arrivé** hier à onze heures. (a)
3. Jacques parle avec beaucoup d'**assurance**. (a)
   Jacques a acheté beaucoup d'**assurance**. (b)
4. La dame **portait** un imper. (a)
   La dame **portait** son enfant. (b)
5. Nous allons trouver le voleur, c'est une question de **temps**. (a)
   Je ne sais pas si nous pouvons faire du ski; ça dépend du **temps**. (b)

IMAGES DU MONDE FRANCOPHONE 3
L'Afrique

● **PAGE 399**

Le savez-vous?

1. Les pays d'Afrique du nord sont l'Algérie, la Tunisie et le Maroc. (b)
2. Un autre nom pour l'Afrique du Nord est le Maghreb. (a)
3. La majorité des habitants d'Afrique du Nord sont musulmans. (c)
4. L'Algérie produit et exporte du pétrole. (a)
5. Les pays d'Afrique occidentale sont devenus indépendants en 1960. (c)
6. Au Sénégal et dans les pays africains d'expression française, l'enseignement à l'école secondaire est fait principalement en français. (b)
7. Aujourd'hui, les Français qui sont en Afrique occidentale sont principalement des professeurs et des conseillers techniques. (c)
8. Le «griot» est un homme qui raconte des fables. (c)
9. Le baobab est un arbre. (b)
10. Le «boubou» est un vêtement. (a)
11. Les Touareg sont des nomades du Sahara. (c)
12. Abidjan est une grande ville de la Côte d'Ivoire. (c)
13. Saïd Aouïta est un athlète. (b)
14. Pour les Africains, les masques sont des objets religieux. (b)

UNITÉ 8 Bonnes vacances!

LEÇON 29 Le français pratique: Les vacances et les voyages

● PAGE 405

1 Et vous? *(sample answers)*

1. Je préfère passer les vacances (à la campagne).
2. Je préfère voyager avec (une petite valise).
3. Quand on visite une grande ville, il est préférable de (loger chez des amis).
4. Quand on passe les vacances à la mer, il est préférable de (louer une villa).
5. Quand on veut visiter l'ouest des États-Unis, il est préférable de voyager (en caravane).
6. Quand on est sur une île déserte, l'objet le plus utile est (une lampe de poche).
7. Quand on est perdu dans la campagne, l'objet le plus utile est (une carte de la région).
8. Si on veut aller en France, il est nécessaire d'avoir (un passeport).

2 Le matériel de camping

1. une lampe de poche
2. un sac à dos
3. un sac de couchage (une tente)
4. une couverture
5. une tente
6. une poêle
7. une casserole
8. un réchaud

3 Questions personnelles *(sample answers)*

1. Oui, j'ai déjà voyagé en caravane. (Non, je n'ai jamais voyagé en caravane.) C'était l'été dernier (pendant les vacances / il y a deux ans, quand nous sommes allés au Canada / quand nous avons traversé les États-Unis). À mon avis, il y a beaucoup d'avantages quand on voyage en caravane: on est libre, on peut s'arrêter où on veut, on peut regarder la nature . . . Les désavantages de voyager en caravane sont que les caravanes ne sont pas très grandes et quand il pleut, ce n'est pas drôle.
2. Oui, j'ai déjà fait du camping. (Non, je n'ai jamais fait de camping.) C'était pendant les dernières vacances (il y a trois ans / quand nous sommes allés dans le Vermont). C'était au Canada (dans le Colorado / en Louisiane) avec mes parents (avec mes copains / avec mes cousins). J'ai beaucoup aimé cette expérience parce que je me suis bien amusé(e) (j'ai nagé dans des lacs, je suis allé[e] pêcher / j'ai fait des randonnées . . .). (Je n'ai pas aimé cette expérience parce qu'il a plu tout le temps et il y avait des moustiques.)
3. Oui, j'ai un sac à dos. (Non, je n'ai pas de sac à dos.) Je l'utilise quand je vais faire du camping ou quand je fais des randonnées à pied ou à vélo. En général, je transporte dedans des vêtements, mes affaires de toilette, une lampe de poche . . .
4. Oui, j'ai un sac de couchage. (Non, je n'ai pas de sac de couchage.) Je l'utilise quand je vais faire du camping. À mon avis, on dort bien (on ne dort pas bien) dans un sac de couchage.
5. Les avantages du camping sont qu'on peut apprécier la nature, on est libre, on prépare des repas simples, on peut faire des randonnées . . . Les désavantages du camping sont que quand il pleut, c'est un problème et quelquefois il y a des moustiques.

● PAGE 407

4 Le jeu des capitales

Mexico est la capitale du Mexique.
Bruxelles est la capitale de la Belgique.
Rome est la capitale de l'Italie.
Dakar est la capitale du Sénégal.
Le Caire est la capitale de l'Égypte.
Tokyo est la capitale du Japon.
Beijing est la capitale de la Chine.
Ottawa est la capitale du Canada.
Washington est la capitale des États-Unis.
Londres est la capitale de l'Angleterre.
Berlin est la capitale de l'Allemagne.
Moscou est la capitale de la Russie.
Lisbonne est la capitale du Portugal.
Beyrouth est la capitale du Liban.

5 Tourisme

1. Sabine a visité l'Égypte.
2. Nous avons visité l'Italie.
3. Nous avons visité le Mexique.
4. Vous avez visité l'Angleterre.
5. J'ai visité la Chine.
6. Tu as visité l'Allemagne.
7. Nous avons visité le Japon.
8. Mes cousins sont allés aux États-Unis.

6 Questions personnelles *(sample answers)*

1. J'habite dans l'est (l'ouest / le nord / le sud / le nord-est / le nord-ouest / le sud-est / le sud-ouest).
2. Oui, j'ai visité le Colorado (la Californie / la Floride / le Kentucky / le Vermont). (Non je n'ai pas visité le Colorado / la Californie / la Floride / le Kentucky / le Vermont.)

3. L'état où j'habite s'appelle (le Vermont). La capitale est (Montpelier). Les états environnants sont (le New Hampshire, le Massachusetts et le New York).
4. J'aimerais visiter la Floride parce que je voudrais aller à Disney World (parce que j'aime nager dans l'océan).

● PAGE 409

Au Jour Le Jour

7 Départs et arrivées *(sample dialogue)*

— Où vas-tu?
— Je vais à Tours.
— À quelle heure part ton train?
— Il part à sept heures cinquante-cinq (huit heures quinze, dix heures quarante-cinq).
— Et à quelle heure est-ce qu'il arrive à Tours?
— Il arrive à huit heures cinquante et une (neuf heures onze, onze heures quarante et une).

8 Au guichet *(sample dialogue)*

— Vous désirez, mademoiselle (monsieur)?
— Je voudrais un billet pour Bordeaux.
— Un aller simple ou un aller et retour?
— Un aller simple.
— En quelle classe?
— En première classe (en seconde classe), s'il vous plaît.
— Alors, ça fait 72 euros (48 euros).
— Voilà 72 euros (48 euros).
— Merci. Au revoir, mademoiselle (monsieur).
— Au revoir, monsieur (madame).

LEÇON 30 Vidéo-scène: Les collections de Jérôme

● PAGE 411

Compréhension

1. Ils sont allés chez Jérôme.
2. Ils ont trouvé une note de Jérôme.
3. Elle regarde les objets que Jérôme a collectionnés — une tampoura, des masques et un chapeau de cowboy.
4. Elle essaie le chapeau de cowboy.
5. Il a acheté ces objets au Marché aux Puces.

● PAGE 412

1 Dans quel pays?

1. Il habite au Brésil.
2. Il revient du Maroc.
3. Elle est en Belgique.
4. Je passe les vacances en Suisse.
5. Elle arrive de Russie.
6. Nous passons une semaine aux États-Unis.
7. Il téléphone du Portugal.
8. Ils arrivent d'Espagne.

2 D'où reviennent-ils?

1. Jérôme revient d'Angleterre.
2. Martine revient du Japon.
3. Isabelle revient des États-Unis.
4. Alain revient du Canada.
5. Thomas revient de Corée.

● PAGE 413

3 À Montréal

1. Jean-Paul aperçoit l'Île Sainte Hélène.
2. Vous apercevez le Pont Jacques-Cartier.
3. Nous apercevons la Tour Olympique.
4. J'aperçois le Vieux Montréal.
5. Mes cousins aperçoivent la Basilique Notre-Dame.
6. Tu aperçois l'Université McGill.
7. On aperçoit l'Île Notre-Dame.
8. Sophie aperçoit le Saint-Laurent.

4 Questions personnelles *(sample answers)*

1. Oui, je reçois beaucoup de lettres. (Non, je ne reçois pas beaucoup de lettres.) Oui, j'ai reçu une lettre (une carte) récemment. (Non, je n'ai pas reçu de lettre / de carte récemment.) J'ai reçu une lettre (une carte) de mon copain français (de ma cousine / de ma copine / de mes grands-parents).
2. Oui, je reçois mes copains chez moi. (Non, je ne reçois pas mes copains chez moi.) Je les reçois dans ma chambre (au salon).
3. Oui, mes parents reçoivent souvent leurs amis. (Non, mes parents ne reçoivent pas souvent leurs amis.)
4. Oui, j'ai reçu un cadeau récemment. (Non, je n'ai pas reçu de cadeau.)

5. Oui, j'ai reçu des vêtements pour mon anniversaire. J'ai reçu un pull (des baskets, un blouson, une robe, un imper). (Non, je n'ai pas reçu de vêtements pour mon anniversaire. J'ai reçu un vélo [des compacts, un bracelet en argent, un ballon de volley].)
6. De la fenêtre de ma chambre, j'aperçois le jardin (des arbres, la forêt, la rue, une rivière).

PAGE 414

À votre tour!

1 Expression personnelle *(sample answers)*

Je voudrais apprendre à conduire (à faire du parapente / à parler italien).
En ce moment, je commence à étudier l'espagnol (à préparer mes vacances / à faire de la danse).
J'essaie de maigrir (de réussir à mes examens / de jouer de la guitare tous les jours).
Parfois j'oublie de téléphoner à mes amis (de faire mes devoirs / d'aider mes parents).
Je n'oublie jamais de ranger ma chambre (d'aller au travail).
J'ai réussi à écrire une lettre en français (à nager trois milles / à comprendre le problème de maths).
Je ne réussis jamais à finir les livres ennuyeux (à me coucher tôt / à avoir une bonne note en biologie).
Parfois je refuse de prêter de l'argent à mon frère (de parler français / de me lever tôt).
Je ne refuse jamais de prêter de l'argent à un copain (d'aider mes parents / de faire la vaisselle).
Souvent, je rêve de voyager dans tous les pays du monde (de devenir célèbre / de gagner à la loterie).

2 Voyage international *(sample answer)*

Cinq pays
1. la France
2. l'Égypte
3. la Chine
4. la Suisse
5. l'Angleterre

Nous avons décidé de visiter la France parce que nous voulons pratiquer parler français.
Nous avons décidé de visiter l'Égypte parce que nous aimons les pyramides.
Nous avons décidé de visiter la Chine parce que nous étudions l'histoire de la Grande Muraille.
Nous avons décidé de visiter la Suisse parce que nous aimons faire du ski.
Nous avons décidé de visiter l'Angleterre parce que nous avons des copains qui habitent à Londres.

PAGE 415

5 Un séjour aux États-Unis

1. Jean-Pierre essaie de parler anglais.
2. Nathalie apprend à parler anglais.
3. Philippe n'hésite pas à parler anglais.
4. Thomas refuse de parler anglais.
5. Stéphanie décide de parler anglais.
6. Patrick commence à parler anglais.
7. Alice réussit à parler anglais.
8. Marc hésite à parler anglais.
9. Isabelle n'essaie pas de parler anglais.
10. Jérôme n'arrête pas de parler anglais.

6 Qu'est-ce qu'ils apprennent? *(sample answers)*

Je vais à la plage. J'apprends à faire de la voile (à nager).
Tu vas à la piscine. Tu apprends à nager.
Vous allez au conservatoire. Vous apprenez à chanter (à jouer du piano).
Nous allons à l'auto-école. Nous apprenons à conduire.
Nathalie va au Racket-Club. Elle apprend à jouer au tennis.
Alice et Pierre vont à l'Alliance Française. Ils apprennent à parler français.
Mes copains vont à l'école d'informatique. Ils apprennent à programmer.
Ma cousine va à l'école de secrétariat. Elle apprend à taper à la machine.
Je vais au Studio Fred Astaire. J'apprends à danser.

7 Oui ou non?

1. Elle refuse d'étudier.
2. Elle oublie de téléphoner.
3. Il commence à jouer très bien.
4. Il ne réussit pas à réparer son vélo.
5. Elle rêve d'être présidente.
6. Il n'arrête pas de parler.
7. Il continue à prendre des leçons d'anglais.
8. Elle décide de passer ses vacances à Londres.
9. Elle n'essaie pas de comprendre le prof.

PAGE 416–417

Lecture: Séjours à l'étranger

Grégoire est allé en Égypte.
Aurélie est allée au Sénégal.
Juliette est allée au Japon.
Patrick est allé en Allemagne.

PAGE 419

Compréhension

1. Il propose un voyage à Genève.
2. Ils prendront le train.
3. Il ne veut pas visiter le musée d'art et d'histoire.
4. Elle veut faire le tour du lac en bateau.
5. Jérôme achètera les billets.
6. Ils y seront à huit heures (à huit heures pile).

PAGE 421

1 Séjours à l'étranger

1. Isabelle visitera Moscou. Elle parlera russe.
2. Je visiterai Berlin. Je parlerai allemand.
3. Vous visiterez Bordeaux. Vous parlerez français.
4. Nous visiterons Boston. Nous parlerons anglais.
5. Tu visiteras Buenos Aires. Tu parleras espagnol.
6. Anne et Hélène visiteront Munich. Elles parleront allemand.
7. Éric et Thomas visiteront Dakar. Ils parleront français.
8. Mes copains visiteront Saint Pétersbourg. Ils parleront russe.
9. Ma soeur visitera Madrid. Elle parlera espagnol.
10. La cousine de Paul visitera Québec. Elle parlera français.

PAGE 422

2 Voyages en France

Je visiterai la Normandie. Je voyagerai en mobylette. Je resterai chez un copain. Je partirai le 30 juin. Je rentrerai le 15 août.

Alice visitera la Provence. Elle voyagera en voiture. Elle restera dans un camping. Elle partira le 1er juillet. Elle rentrera le 1er septembre.

Nous visiterons la Bretagne. Nous voyagerons en train. Nous resterons dans une ferme. Nous partirons le 3 juillet. Nous rentrerons le 25 août.

Nicolas et Philippe visiteront l'Alsace. Ils voyageront en moto. Ils resteront chez leur grand-mère. Ils partiront le 15 juillet. Ils rentreront le 30 août.

3 Peut-être

1. PATRICK: Tu vas sortir?
   FLORENCE: Je ne sais pas. Je sortirai peut-être samedi soir.
2. PATRICK: Tu vas étudier?
   FLORENCE: Je ne sais pas. J'étudierai peut-être après le dîner.
3. PATRICK: Tu vas passer à la bibliothèque?
   FLORENCE: Je ne sais pas. Je passerai peut-être à la bibliothèque après les classes.
4. PATRICK: Tu vas dîner au restaurant?
   FLORENCE: Je ne sais pas. Je dînerai peut-être au restaurant dimanche.
5. PATRICK: Tu vas jouer au basket?
   FLORENCE: Je ne sais pas. Je jouerai peut-être au basket vendredi.
6. PATRICK: Tu vas acheter des vêtements?
   FLORENCE: Je ne sais pas. J'achèterai peut-être des vêtements ce weekend.
7. PATRICK: Tu vas te promener?
   FLORENCE: Je ne sais pas. Je me promènerai peut-être avant le dîner.
8. PATRICK: Tu vas partir en vacances?
   FLORENCE: Je ne sais pas. Je partirai peut-être en vacances en juillet.
9. PATRICK: Tu vas apprendre à skier?
   FLORENCE: Je ne sais pas. J'apprendrai peut-être à skier cet hiver.

4 Oui ou non?

1. Je ne partirai pas en vacances. Je chercherai un job. Je travaillerai.
2. Ils se reposeront. Ils ne travailleront pas. Ils prendront des vacances.
3. Tu dormiras beaucoup. Tu ne te lèveras pas tôt. Tu ne te coucheras pas tard.
4. Elle nagera. Elle jouera au tennis. Elle ne restera pas à la maison.
5. Vous ne logerez pas chez des amis. Vous achèterez une tente. Vous dormirez dans un sac de couchage.
6. Nous prendrons l'avion. Nous ne parlerons pas espagnol. Nous nous amuserons.

PAGE 423

5 Expression personnelle

1. Dans cinq ans, j'irai à l'université.
   (Dans cinq ans, je n'irai pas à l'université.)
2. Dans cinq ans, j'aurai un job intéressant.
   (Dans cinq ans, je n'aurai pas de job intéressant.)
3. Dans cinq ans, je serai marié(e).
   (Dans cinq ans, je ne serai pas marié[e].)
4. Dans cinq ans, je serai millionnaire.
   (Dans cinq ans, je ne serai pas millionnaire.)
5. Dans cinq ans, j'aurai une Mercedes.
   (Dans cinq ans, je n'aurai pas de Mercedes.)
6. Dans cinq ans, je serai très heureux (heureuse).
   (Dans cinq ans, je ne serai pas très heureux [heureuse].)

7. Dans cinq ans, je ferai beaucoup de voyages. (Dans cinq ans, je ne ferai pas beaucoup de voyages.)
8. Dans cinq ans, je serai complètement indépendant(e). (Dans cinq ans, je ne serai pas complètement indépendant[e].)
9. Dans cinq ans, je serai président(e) d'une compagnie. (Dans cinq ans, je ne serai pas président[e] d'une compagnie.)
10. Dans cinq ans, je verrai mes copains d'aujourd'hui. (Dans cinq ans, je ne verrai pas mes copains d'aujourd'hui.)

6 Rêve ou réalité?

(*Answers will vary.*)

PAGE 424

7 Weekend en Touraine

1. Catherine ira à Tours vendredi. Elle voyagera en train. Elle arrivera à 18 h 30 (6 h 30 du soir). Elle ira à l'hôtel de Bordeaux. Elle dînera Chez Balzac.
2. Samedi matin, elle visitera le vieux Tours. Elle verra les maisons anciennes.
3. Samedi après-midi, elle fera un pique-nique. Après, elle fera une promenade à vélo (à Amboise). Le soir, elle verra le spectacle «Son et Lumière» au château.
4. Dimanche matin, elle ne fera rien (elle se reposera). (L'après-midi,) elle verra les châteaux de Villandry et de Langeais.
5. Elle partira de Tours dimanche soir. Le premier train partira à 20 h 31. Il y aura un autre train à 21 h 46.

PAGE 425

8 Fais attention!

1. Fais attention! Si tu lis trop, tu auras mal à la tête (tu seras fatigué[e] demain).
2. Fais attention! Si tu n'étudies pas, tu auras une mauvaise note à l'examen.
3. Fais attention! Si tu manges trop de bonbons, tu auras mal aux dents (tu auras mal au ventre).
4. Fais attention! Si tu ne te dépêches pas, tu rateras le bus.
5. Fais attention! Si tu ne te reposes pas, tu seras fatigué(e) demain (tu auras mal à la tête).
6. Fais attention! Si tu dépenses tout ton argent maintenant, tu seras fauché(e) pour les vacances.

9 Ça dépend!

1. —Tu vas <u>acheter une moto ou un vélo</u>?
   —Ça dépend. <u>Si j'ai assez d'argent</u>, j'achèterai une moto.
   —Et si tu n'as pas assez d'argent?
   —J'achèterai un vélo.
2. —Tu vas <u>prendre le bus ou un taxi</u>?
   —Ça dépend. <u>Si je suis pressé(e)</u>, je prendrai un taxi.
   —Et si tu n'es pas pressé(e)?
   —Je prendrai le bus.
3. —Tu vas <u>dîner chez toi ou au restaurant</u>?
   —Ça dépend. <u>Si j'ai envie de sortir</u>, je dînerai au restaurant.
   —Et si tu n'as pas envie de sortir?
   —Je dînerai chez moi.
4. —Tu vas <u>faire du jogging ou une promenade à pied</u>?
   —Ça dépend. <u>Si je suis fatigué(e)</u>, je ferai une promenade à pied.
   —Et si tu n'es pas fatigué(e)?
   —Je ferai du jogging.
5. —Tu vas <u>manger un steak ou un sandwich</u>?
   —Ça dépend. <u>Si j'ai très faim</u>, je mangerai un steak.
   —Et si tu n'as pas très faim?
   —Je mangerai un sandwich.

PAGE 426

10 Vacances aux États-Unis

1. Quand elle sera à Washington, Jacqueline visitera la Maison Blanche.
2. Quand ils seront à San Antonio, Thomas et André visiteront l'Alamo.
3. Quand nous serons en Californie, nous visiterons Hollywood.
4. Quand vous serez en Pennsylvanie, vous visiterez le Parc de Valley Forge.
5. Quand je serai dans le Colorado, je visiterai Mesa Verde.
6. Quand tu seras en Arizona, tu visiteras le Grand Canyon.

11 C'est évident! *(sample answers)*

Quand j'aurai 18 ans, je voterai (j'achèterai une voiture).

Quand tu auras une voiture, tu feras du camping.

Quand ma soeur sera riche, elle achètera une voiture.

Quand nous serons en vacances, nous nous amuserons (nous ferons la connaissance de gens sympathiques / nous nous reposerons).

Quand mes copains iront en Suisse, ils verront Genève (ils feront du camping).

Quand vous irez à l'université, vous étudierez beaucoup.

● PAGE 427

12 Oui ou non?

1. Oui, je recevrai un «A» en maths.
   (Non, je ne recevrai pas de «A» en maths.)
2. Oui, je recevrai un vélo pour mon anniversaire.
   (Non, je ne recevrai pas de vélo pour mon anniversaire.)
3. Oui, je saurai très bien parler français.
   (Non, je ne saurai pas très bien parler français.)
4. Oui, je saurai faire du parapente.
   (Non, je ne saurai pas faire de parapente.)
5. Oui, je devrai travailler cet été.
   (Non, je ne devrai pas travailler cet été.)
6. Oui, je devrai étudier ce weekend.
   (Non, je ne devrai pas étudier ce weekend.)
7. Oui, j'enverrai une lettre au professeur cet été.
   (Non, je n'enverrai pas de lettre au professeur cet été.)
8. Oui, je voudrai nager ce weekend.
   (Non, je ne voudrai pas nager ce weekend.)
9. Oui, je pourrai aller en France au printemps.
   (Non, je ne pourrai pas aller en France au printemps.)
10. Oui, je deviendrai célèbre.
    (Non, je ne deviendrai pas célèbre.)
11. Oui, je deviendrai millionnaire.
    (Non, je ne deviendrai pas millionnaire.)
12. Oui, je deviendrai professeur.
    (Non, je ne deviendrai pas professeur.)

À votre tour!

1 Conversation: Voyage *(sample dialogue)*

— Où est-ce que nous irons pendant les vacances?
— Moi, j'aimerais aller à Montréal.
— Bonne idée! On ira au Canada.
— Quand est-ce que nous partirons?
— Nous partirons dimanche.
— Comment est-ce que nous voyagerons?
— Nous voyagerons en bus.
— Qu'est-ce que nous ferons à Montréal?
— Nous verrons le Vieux Montréal et la Tour Olympique. Nous irons aussi à un match de hockey.
— Qu'est-ce que nous achèterons pendant notre voyage?
— Nous achèterons des cadeaux pour notre famille (des tee-shirts, des CDs).
— Quand est-ce que nous reviendrons chez nous?
— Nous reviendrons samedi.

Nous irons à Montréal. Nous partirons dimanche et nous voyagerons en bus. Nous verrons le Vieux Montréal et la Tour Olympique et après nous irons à un match de hockey. Ensuite, nous achèterons des cadeaux pour notre famille. Nous reviendrons chez nous samedi.

● PAGES 428–429

Lecture: Arrivée en France

1. D (Antonio)
2. B (Christy)
3. A (Gaby)
4. C (David)

LEÇON 32 Vidéo-scène: À la gare

● PAGE 431

Compréhension

1. Armelle arrive la première.
2. Pierre arrive ensuite.
3. Ils n'ont pas de billets.
4. Jérôme arrive, mais il est en retard. Le train est déjà parti.

● PAGE 432

1 Souvenirs de vacances

Le matin, j'allais au marché. L'après-midi, j'allais à la plage. Le soir, je retrouvais mes copains au café.

Le matin, nous faisions du jogging. L'après-midi, nous jouions au tennis. Le soir, nous allions au cinéma.

Le matin, Thomas faisait une promenade. L'après-midi, il nageait. Le soir, il dînait au restaurant.

Le matin, Alice et Sophie allaient en ville. L'après-midi, elles faisaient de la voile. Le soir, elle sortaient.

Le matin, vous travailliez dans le jardin. L'après-midi, vous vous reposiez. Le soir, vous alliez danser dans les discothèques.

Le matin, tu te levais à dix heures. L'après-midi, tu te promenais en ville. Le soir, tu te couchais à une heure.

● PAGE 433

2 La tombola

1. — Si tu gagnais le grand prix, est-ce que tu partirais en vacances?
   — Oui, je partirais en vacances.
   (Non, je ne partirais pas en vacances.)

2. — Si tu gagnais le grand prix, est-ce que tu visiterais Disneyland Paris?
   — Oui, je visiterais Disneyland Paris. (Non, je ne visiterais pas Disneyland Paris.)
3. — Si tu gagnais le grand prix, est-ce que tu mettrais tout l'argent à la banque?
   — Oui, je mettrais tout l'argent à la banque. (Non, je ne mettrais pas tout l'argent à la banque.)
4. — Si tu gagnais le grand prix, est-ce que tu achèterais une moto?
   — Oui, j'achèterais une moto. (Non, je n'achèterais pas de moto.)
5. — Si tu gagnais le grand prix, est-ce que tu donnerais de l'argent à tes amis?
   — Oui, je donnerais de l'argent à mes amis. (Non, je ne donnerais pas d'argent à mes amis.)
6. — Si tu gagnais le grand prix, est-ce que tu organiserais une grande fête?
   — Oui, j'organiserais une grande fête. (Non, je n'organiserais pas de grande fête.)
7. — Si tu gagnais le grand prix, est-ce que tu aiderais les pauvres?
   — Oui, j'aiderais les pauvres. (Non, je n'aiderais pas les pauvres.)
8. — Si tu gagnais le grand prix, est-ce que tu passerais un mois en France?
   — Oui, je passerais un mois en France. (Non, je ne passerais pas un mois en France.)

● **PAGE 434**

3 Vive les vacances!

1. Je voyagerais.
2. Monsieur Boulot ne travaillerait pas.
3. Les élèves n'étudieraient pas.
4. Tu ne finirais pas les exercices.
5. Vous vous reposeriez.
6. Nous nous amuserions.
7. On partirait à la mer.
8. Catherine et Hélène sortiraient avec des copains.
9. Vous vous promèneriez sur la plage.
10. Marc écrirait à ses copains.

4 Décisions, décisions . . .

1. J'aurais un chien (un chat).
2. J'aurais des patins à glace (des patins à roulettes).
3. J'irais au Canada (au Mexique).
4. J'irais à un concert (à un match de baseball).
5. Je ferais du ski (du ski nautique).
6. Je ferais de la planche à voile (du parapente).
7. Je serais architecte (avocat[e]).
8. Je serais en vacances à Tahiti (en Floride).
9. Je verrais Paris (Rome).
10. Je verrais un OVNI (une éclipse).

5 La politesse

1. Je voudrais te demander un service.
2. Je voudrais t'emprunter ton vélo.
3. Est-ce que je pourrais prendre tes cassettes?
4. Est-ce que tu pourrais me prêter cinq dollars?
5. Tu devrais être plus patient(e) avec moi.
6. Tu devrais m'écouter.
7. Est-ce que tu pourrais m'aider à faire le devoir?
8. Je voudrais te parler.

PAGE 435

6 Oui on non?

1. Si j'étais en vacances, je n'étudierais pas (j'étudierais). Si j'étais en vacances, j'irais à la piscine (je n'irais pas à la piscine).
2. Si j'étais le professeur, je donnerais des examens faciles (je ne donnerais pas d'examens faciles). Si j'étais le professeur, je serais très strict(e) (je ne serais pas très strict[e]).
3. Si j'étais le président, j'aiderais les pays pauvres (je n'aiderais pas les pays pauvres). Si j'étais le président, je ferais beaucoup de voyages (je ne ferais pas beaucoup de voyages).
4. Si j'habitais dans un château, j'inviterais tous mes copains (je n'inviterais pas tous mes copains). Si j'habitais dans un château, j'organiserais des concerts chez moi (je n'organiserais pas de concerts chez moi).
5. Si j'allais en France, je verrais la «Mona Lisa» (je ne verrais pas la «Mona Lisa»). Si j'allais en France, je mangerais des escargots (je ne mangerais pas d'escargots).
6. Si je voyais un fantôme, je resterais calme (je ne resterais pas calme). Si je voyais un fantôme, j'aurais peur (je n'aurais pas peur).

À votre tour!

1 Discussion: Le billet de loterie
(sample answers)

Si nous gagnions cent dollars, nous irions dîner dans un restaurant élégant (ferions du ski / achèterions des disques).

Si nous gagnions mille dollars, nous visiterions Disney World (achèterions une moto / ferions du parapente).

Si nous gagnions dix milles dollars, nous voyagerions en France (achèterions des vêtements / partagerions l'argent avec les pauvres).

PAGE 436–437

Lecture: Pas de panique

(sample answers)

1. (B) Vous noteriez le numéro de la voiture des bandits.
2. (B) Vous allumeriez la lumière pour identifier la source des bruits.
3. (C) Vous continueriez votre route dans l'espoir de trouver une ferme.
4. (B) Vous nageriez jusqu'à la plage en supportant votre copain.
5. (C) Vous attendriez le prochain bus, en sachant que vous serez en retard à votre rendez-vous.
6. (A) Vous téléphoneriez à la réception.

UNITÉ 9 Bonne route

LEÇON 33 Le français pratique: Les vacances et les voyages

● PAGE 459

1 Questions personnelles *(sample answers)*

1. Oui, j'ai une voiture favorite. (Non, je n'ai pas de voiture favorite.) C'est une Chevrolet (une Toyota, une Ford). Oui, c'est une voiture (assez, très) confortable (rapide, spacieuse, économique). (Non, ce n'est pas une voiture confortable . . .).
2. Dans ma famille, mon père, ma mère et mon frère aîné savent conduire. En général, quand nous faisons un voyage, c'est ma mère (mon père) qui conduit.
3. Oui, je sais conduire. J'ai le permis depuis six mois (un an). (Non, je ne sais pas conduire.) Je suis des cours à l'école (à l'auto-école, avec mes parents). Je vais avoir le permis l'année prochaine (l'hiver prochain, le mois prochain). (Non, je ne suis pas de cours.)
4. Oui, je voudrais avoir une décapotable parce que c'est agréable en été, quand il fait chaud. (Non, je ne voudrais pas avoir de décapotable parce que c'est dangereux et ce n'est pas agréable quand il y a des orages.)
5. Je préférerais avoir une voiture parce que c'est plus facile à conduire. (Je préférerais avoir un minivan parce que c'est plus spacieux et c'est pratique pour faire des voyages avec des copains.)
6. Oui, j'ai déjà conduit une mobylette / une moto l'année dernière (pendant les vacances). (Non, je n'ai jamais conduit de mobylette / de moto.)
7. Oui, j'ai suivi des cours de danse à l'école l'année dernière (l'été dernier, il y a deux ans). (Non, je n'ai jamais suivi de cours de danse.) Oui, j'ai suivi des cours de piano à l'école pendant les vacances (cette année). (Non, je n'ai jamais suivi de cours de piano.)

● PAGE 461

2 Une leçon de conduite

1. Quand on conduit, il est prudent de mettre la ceinture de sécurité.
2. Quand on conduit la nuit, il faut mettre les phares.
3. Quand on tourne à droite ou à gauche, il faut mettre les clignotants.
4. Quand il pleut, on met les essuie-glace.
5. On met l'essence dans le réservoir.
6. On met les valises dans le coffre.
7. Pour s'arrêter, il faut appuyer sur le frein.
8. Quand on veut vérifier l'huile, il faut ouvrir le capot.
9. Quand on conduit, on doit garder les deux mains sur le volant.
10. Tous les 40 000 ou 50 000 kilomètres, il est recommandé de changer l'huile.

LEÇON 34 Vidéo-scène: Une leçon de conduite

● PAGE 463

Compréhension

1. Il veut lui donner une leçon de conduite.
2. Il doit être de retour à deux heures parce qu'il a rendez-vous avec Armelle.
3. Avant de partir, il faut regarder devant et derrière et il faut indiquer qu'on va partir en mettant le clignotant.
4. Il regarde dehors et il écoute la radio. (Pierre ne fait pas attention.)

● PAGE 464

1 Heureux ou tristes?

1. Catherine est heureuse d'avoir un «A».
2. Corinne est heureuse de partir en vacances cet été.
3. Philippe est triste de rester à la maison ce weekend.
4. Juliette est heureuse de sortir avec un garçon sympathique.
5. François est triste de perdre son match de tennis.
6. Pauline est heureuse de conduire la voiture de sport de son frère.
7. Christophe est heureux de recevoir des lettres de sa copine.
8. Nicole est triste d'avoir des problèmes avec son copain.

2 Pourquoi? *(sample answers)*

Je suis allé(e) à l'auto-école pour apprendre à conduire.

Vous êtes allé(e)(s) à la poste pour acheter des timbres.

Nous sommes allé(e)s au café pour retrouver des copains.
Monsieur Rimbaud est allé dans les magasins pour acheter une veste.
Anne et Florence sont allées à la station-service pour prendre de l'essence.
Ma cousine est allée à l'agence de voyage pour réserver les billets d'avion.

● PAGE 465

3 Une question de priorité

1. Vous téléphonez avant d'aller chez des amis.
2. Ils étudient avant d'aller au cinéma.
3. Sylvie se brosse les cheveux avant de sortir.
4. Nous suivons des cours avant de passer l'examen.
5. Tu prends de l'essence avant de partir.
6. Nous achetons les billets d'avion avant d'aller à Tahiti.
7. Je demande la permission avant d'organiser une boum.
8. Je me lave les mains avant de dîner.
9. Tu mets le clignotant avant de tourner à gauche.
10. Monsieur Arnaud vérifie les pneus avant de partir en voyage.

4 Conseils

1. — Qu'est-ce que tu fais après le dîner?
   — Je vais sortir.
   — Eh bien, ne sors pas sans dire au revoir à tes parents.
2. — Qu'est-ce que tu fais samedi matin?
   — Je vais aller au supermarché.
   — Eh bien, ne va pas au supermarché sans prendre de l'argent.
3. — Qu'est-ce que tu fais cet été?
   — Je vais partir en vacances.
   — Eh bien, ne va pas en vacances sans me donner ton adresse.
4. — Qu'est-ce que tu fais ce soir?
   — Je vais prendre la voiture.
   — Eh bien, ne prends pas la voiture sans vérifier l'essence.

● PAGE 466

5 Comment?

1. Pauline reste en forme en faisant de la gymnastique.
   (Moi, je reste en forme en mangeant peu et en faisant du jogging.)
2. Robert apprend le français en écoutant des cassettes.
   (Moi, j'apprends le français en étudiant à l'école et en lisant des magazines français.)
3. Juliette réussit à ses examens en étudiant tous les jours.
   (Moi, je réussis à mes examens en apprenant mes leçons consciencieusement.)
4. Stéphanie apprend les nouvelles en regardant la télé.
   (Moi, j'apprends les nouvelles en écoutant la radio.)
5. Jean-Paul aide sa mère en faisant la vaisselle.
   (Moi, j'aide ma mère en faisant les courses.)
6. Catherine aide son père en lavant la voiture.
   (Moi, j'aide mon père en travaillant dans le jardin.)
7. Olivier se repose en écoutant de la musique classique.
   (Moi, je me repose en lisant un magazine.)
8. Nicolas s'amuse en lisant des bandes dessinées.
   (Moi, je m'amuse en regardant une comédie.)

● PAGE 467

6 Et vous?

1. J'écoute la radio en étudiant.
   (Je n'écoute pas la radio en étudiant.)
2. J'écoute les nouvelles en prenant le petit déjeuner.
   (Je n'écoute pas les nouvelles en prenant le petit déjeuner.)
3. Je regarde la télé en dînant.
   (Je ne regarde pas la télé en dînant.)
4. Je chante en prenant un bain.
   (Je ne chante pas en prenant un bain.)
5. Je parle à mes copains en attendant le bus.
   (Je ne parle pas à mes copains en attendant le bus.)
6. Je m'arrête dans les magasins en rentrant chez moi.
   (Je ne m'arrête pas dans les magasins en rentrant chez moi.)

À votre tour!

1 Pourquoi? *(sample answers)*

— Moi, je voudrais avoir une voiture pour voyager dans tous les États-Unis.
— Et toi?
— Moi, je voudrais avoir une voiture pour partir faire du camping avec mes copains.

— Moi, je voudrais aller à l'université pour étudier la médicine.
— Et toi?
— Moi, je voudrais aller à l'université pour avoir un bon diplôme.

— Moi, je voudrais aller en France pour parler français.
— Et toi?
— Moi, je voudrais aller en France pour connaître les régions différentes.

— Moi, je voudrais être riche pour aider les pauvres.
— Et toi?
— Moi, je voudrais être riche pour acheter des cadeaux à ma famille et à tous mes amis.

● **PAGE 468**

Lecture: Le test du bon conducteur

1. (B) vérifier les pneus et les freins
2. (A) mettre sa ceinture de securité
3. (C) regarder souvent dans le rétroviseur
4. (C) conduire lentement
5. (B) ralentir
6. (C) s'arrêter progressivement
7. (A) nettoyer le pare-brise
8. (C) appuyer sur le frein
9. (B) prendre les clés

LEÇON 35 Vidéo-scène: En panne

● **PAGE 471**

Compréhension

1. La scène se passe sur une petite route de campagne.
2. La voiture n'a pas d'essence.
3. Jérôme part pour chercher une station-service.
4. Pierre va trouver une cabine téléphonique pour téléphoner à Armelle.
5. Il lui demande de venir le chercher.

● **PAGE 473**

1 Le subjonctif, s'il vous plaît!

	PRÉSENT	SUBJONCTIF
1.	téléphonent	téléphones, téléphonions
2.	assistent	assiste, assistent
3.	finissent	finisse, finissiez
4.	réussissent	réussisses, réussissent
5.	attendent	attende, attendions
6.	répondent	répondes, réponde
7.	lisent	lise, lisions
8.	écrivent	écriviez, écrive
9.	partent	parte, partent
10.	mettent	mettions, mette

● **PAGE 474**

2 Oui ou non?

1. Oui, il faut que j'étudie.
   (Non, il ne faut pas que j'étudie.)
2. Oui, il faut que je finisse mes devoirs avant de dîner.
   (Non, il ne faut pas que je finisse mes devoirs avant de dîner.)
3. Oui, il faut que je lave la voiture.
   (Non, il ne faut pas que je lave la voiture.)
4. Oui, il faut que je range ma chambre.
   (Non, il ne faut pas que je range ma chambre.)
5. Oui, il faut que je mette la table.
   (Non, il ne faut pas que je mette la table.)
6. Oui, il faut que je sorte les ordures.
   (Non, il ne faut pas que je sorte les ordures.)
7. Oui, il faut que je passe l'aspirateur.
   (Non, il ne faut pas que je passe l'aspirateur.)
8. Oui, il faut que je tonde la pelouse.
   (Non, il ne faut pas que je tonde la pelouse.)

3 Avant le départ

MME AUBIN: Guy, il faut que tu passes à l'agence de voyages.
GUY: D'accord, je vais passer à l'agence de voyages.
MME AUBIN: Guy, il faut que tu réserves ton billet d'avion.
GUY: D'accord, je vais réserver mon billet d'avion.
MME AUBIN: Guy, il faut que tu achètes une carte de France.
GUY: D'accord, je vais acheter une carte de France.
MME AUBIN: Guy, il faut que tu prépares tes valises.
GUY: D'accord, je vais préparer mes valises.
MME AUBIN: Guy, il faut que tu choisisses des cadeaux pour tes hôtes.
GUY: D'accord, je vais choisir des cadeaux pour mes hôtes.

4 Je regrette, mais . . . *(sample answers)*

1. — Dis, est-ce que tu veux sortir avec moi?
   — Je regrette, mais je ne peux pas.
   — Ah bon? Pourquoi?
   — Il faut que j'aide ma mère.
2. — Dis, est-ce que tu veux dîner au restaurant avec moi?
   — Je regrette, mais je ne peux pas.
   — Ah bon? Pourquoi?
   — Il faut que je rende visite à un copain.

3. — Dis, est-ce que tu veux jouer au volley avec moi?
   — Je regrette, mais je ne peux pas.
   — Ah bon? Pourquoi?
   — Il faut que je finisse mes devoirs.
4. — Dis, est-ce que tu veux faire une promenade avec moi?
   — Je regrette, mais je ne peux pas.
   — Ah bon? Pourquoi?
   — Il faut que j'écrive à ma grand-mère.
5. — Dis, est-ce que tu veux voir un film avec moi?
   — Je regrette, mais je ne peux pas.
   — Ah bon? Pourquoi?
   — Il faut que je lise un livre.
6. — Dis, est-ce que tu veux aller au concert avec moi?
   — Je regrette, mais je ne peux pas.
   — Ah bon? Pourquoi?
   — Il faut que je rentre chez moi.

● PAGE 475

5 Qu'est-ce qu'il faut faire?

1. Il faut que tu cherches la carte.
   Il faut que je choisisse l'itinéraire.
   Il faut que vous mettiez vos ceintures.
   Il faut que Marc conduise prudemment.
2. Il faut que nous nous arrêtions.
   Il faut que je vérifie les pneus.
   Il faut que vous téléphoniez au mécanicien.
   Il faut que le mécanicien change la roue.
3. Il faut que je vérifie la tente.
   Il faut que Mélanie achète un sac de couchage.
   Il faut que tu répares le réchaud.
   Il faut que vous apportiez une lampe électrique.
4. Il faut que vous écriviez les invitations.
   Il faut que tu prépares les sandwichs.
   Il faut que Sandrine choisisse la musique.
   Il faut que nous décorions le salon.

6 Bons conseils

1. — J'ai chaud.
   — Il faut que tu ouvres la fenêtre.
2. — J'ai froid.
   — Il faut que tu mettes un pull.
3. — J'ai la grippe.
   — Il faut que tu restes au lit. (Il faut que tu te reposes.)
4. — Je ne réussis pas à mes examens.
   — Il faut que tu étudies.
5. — Je n'ai pas d'argent.
   — Il faut que tu trouves un travail.
6. — Je veux maigrir.
   — Il faut que tu manges moins.

À votre tour!

1 Projets *(sample answers)*

Nous allons faire du camping
1. Il faut que nous trouvions une carte.
2. Il faut que nous empruntions une tente.
3. Il faut que nous apportions des sacs de couchage.

Nous allons organiser un pique-nique
1. Il faut que nous préparions des sandwichs.
2. Il faut que nous apportions des boissons.
3. Il faut que nous téléphonions à nos copains.

Nous allons faire une promenade en auto
1. Il faut que nous achetions de l'essence.
2. Il faut que nous lavions la voiture.
3. Il faut que nous cherchions une carte de la ville.

Nous allons passer une semaine à Québec
1. Il faut que nous écrivions à nos cousins.
2. Il faut que nous achetions les billets de train.
3. Il faut que nous préparions nos valises.

2 Obligations *(sample answer)*

Avant les vacances . . .
- Il faut que je range ma chambre.
  Il faut aussi que j'aide ma mère.
- Il faut que je dise au revoir à mes copains.
  Il faut aussi que je finisse la lettre à ma grand-mère.
- Il faut que je répare ma voiture.
  Il faut aussi que je mette de l'essence dans ma voiture.
- Il faut que j'organise mes cassettes.
  Il faut aussi que je téléphone à mon frère.

● PAGE 476–477

Lecture: La meilleure décision

(sample answers)
1. (B) Il faut qu'il dise quelque chose à Isabelle.
2. (A) Il faut qu'elle apporte le portefeuille à la police.
3. (C) Il faut qu'elle choisisse l'invitation qu'elle préfère et qu'elle invente une excuse pour l'autre invitation.
4. (A) Il faut qu'il rende la lettre à Monsieur Rimbaud.

LEÇON 36 Vidéo-scène: Merci pour la leçon

PAGE 479

Compréhension

1. Elle quitte sa maison et elle monte sur son scooter pour chercher Pierre.
2. Ils le retrouvent sur la route.
3. Ils vont chercher de l'essence.
4. Ils rentrent à Annecy.

PAGE 480

1 Pour réussir à l'examen

1. Il faut que je sois calme.
2. Il faut que je sois prudent(e).
3. Il ne faut pas que je sois impatient(e).
4. Il ne faut pas que j'aie peur.
5. Il ne faut pas que j'aie d'accident.
6. Il faut que je fasse attention.
7. Il ne faut pas que j'aille très vite.
8. Il faut que j'aie ma ceinture de sécurité.
9. Il faut que j'aille lentement.
10. Il faut que j'aie de bons réflexes.

PAGE 481

2 Que faire?

1. Il faut que nous allions au cinéma.
2. Il faut qu'ils aillent en France.
3. Il faut que tu fasses du sport.
4. Il faut qu'elle fasse de la biologie.
5. Il faut que vous soyez polis, généreux et gentils.
6. Il faut que je sois à l'aéroport à l'heure.
7. Il faut que vous ayez une voiture.
8. Il faut que tu aies une raquette.

3 Pas possible!

1. — Veux-tu voir un film?
   — Ce n'est pas possible. Il faut que je fasse des achats.
2. — Veux-tu sortir ce soir?
   — Ce n'est pas possible. Il faut que je fasse mes devoirs.
3. — Veux-tu faire une promenade?
   — Ce n'est pas possible. Il faut que j'aille chez ma tante.
4. — Veux-tu dîner en ville?
   — Ce n'est pas possible. Il faut que je sois chez moi à sept heures.
5. — Veux-tu venir chez moi cet après-midi?
   — Ce n'est pas possible. Il faut que j'aille à la bibliothèque.
6. — Veux-tu aller à un concert de jazz?
   — Ce n'est pas possible. Il faut que je fasse du baby-sitting pour les voisins.

PAGE 482

4 Baby-sitting

1. Je veux que tu sois sage.
2. Je veux que tu fasses tes devoirs.
3. Je veux que tu manges ton dîner.
4. Je veux que tu finisses tes épinards.
5. Je ne veux pas que tu manges trop de chocolat.
6. Je ne veux pas que tu mettes les pieds sur la table.
7. Je ne veux pas que tu joues au foot dans la maison.
8. Je ne veux pas que tu tires la queue du chat.

5 Exigences

1. Le médecin veut que Monsieur Legros maigrisse.
2. Le professeur de l'auto-école veut que tu conduises moins vite.
3. Les adultes veulent que les jeunes soient polis avec eux.
4. Les jeunes veulent que les adultes soient plus tolérants.
5. Je veux que tu ailles au cinéma avec moi.
6. Hélène veut que son copain aille danser à la discothèque avec elle.
7. Mon père veut que j'aie de bonnes notes.
8. Ma mère veut que je fasse les courses.

PAGE 483

6 Oui ou non?

1. — Est-ce que je peux regarder tes photos?
   — Oui, je veux bien que tu regardes mes photos.
   (Non, je ne veux pas que tu regardes mes photos.)
2. — Est-ce que je peux manger ta pizza?
   — Oui, je veux bien que tu manges ma pizza.
   (Non, je ne veux pas que tu manges ma pizza.)
3. — Est-ce que je peux finir le gâteau?
   — Oui, je veux bien que tu finisses le gâteau.
   (Non, je ne veux pas que tu finisses le gâteau.)
4. — Est-ce que je peux emprunter ta raquette?
   — Oui, je veux bien que tu empruntes ma raquette.
   (Non, je ne veux pas que tu empruntes ma raquette.)
5. — Est-ce que je peux amener mes copains à la boum?
   — Oui, je veux bien que tu amènes tes copains à la boum.
   (Non, je ne veux pas que tu amènes tes copains à la boum.)
6. — Est-ce que je peux lire ton journal?
   — Oui, je veux bien que tu lises mon journal.
   (Non, je ne veux pas que tu lises mon journal.)

7. — Est-ce que je peux prendre ton vélo?
   — Oui, je veux bien que tu prennes mon vélo. (Non, je ne veux pas que tu prennes mon vélo.)
8. — Est-ce que je peux sortir avec ton copain (ta copine)?
   — Oui, je veux bien que tu sortes avec mon copain (ma copine). (Non, je ne veux pas que tu sortes avec mon copain [ma copine].)

7 Pas de chance

1. — Je voudrais aller chez ma copine.
   — Eh bien, moi, je ne veux pas que tu ailles chez ta copine.
   — Mais pourquoi?
   — Parce qu'il faut que tu fasses les courses.
2. — Je voudrais conduire la voiture.
   — Eh bien, moi, je ne veux pas que tu conduises la voiture.
   — Mais pourquoi?
   — Parce qu'il faut que tu aies le permis.
3. — Je voudrais regarder la télé.
   — Eh bien, moi, je ne veux pas que tu regardes la télé.
   — Mais pourquoi?
   — Parce qu'il faut que tu ailles chez le dentiste.
4. — Je voudrais déjeuner en ville.
   — Eh bien, moi, je ne veux pas que tu déjeunes en ville.
   — Mais pourquoi?
   — Parce qu'il faut que tu sois à midi à ta leçon de piano.
5. — Je voudrais rester à la maison ce weekend.
   — Eh bien, moi, je ne veux pas que tu restes à la maison ce weekend.
   — Mais pourquoi?
   — Parce qu'il faut que tu ailles chez tes grands-parents.
6. — Je voudrais acheter une moto.
   — Eh bien, moi, je ne veux pas que tu achètes une moto.
   — Mais pourquoi?
   — Parce qu'il faut que tu fasses des économies.

À votre tour!

1 Désirs *(sample answers)*

Je veux que mon meilleur copain m'amène au cinéma.

Je ne veux pas que ma meilleure copine aille à l'étranger cet été.

Je voudrais que mes parents achètent une nouvelle voiture.

Je ne voudrais pas que le professeur me donne une mauvaise note.

2 Tant pis!

- — Je voudrais que tu m'aides avec les devoirs.
  — Je regrette mais je ne peux pas.
  — Pourquoi pas?
  — Parce que je dois aller rendre visite à mes grands-parents.
  — Tant pis!
- — Je voudrais que tu fasses une promenade avec moi.
  — Je regrette mais je ne peux pas.
  — Pourquoi pas?
  — Parce que je veux aller au cinéma.
  — Tant pis!
- — Je voudrais que tu fasses du jogging avec moi.
  — Je regrette mais je ne peux pas.
  — Pourquoi pas?
  — Parce que je veux dormir tard samedi matin.

● PAGE 485

Lecture: La vie n'est pas juste!

Et vous? *(sample answer)*

— Dis Maman, est-ce que je peux aller à la campagne avec mes copains ce weekend?
— Mais oui, je veux bien que tu ailles à la campagne, mais avant de partir je voudrais que tu finisses tes devoirs et que tu nettoies la voiture.

INTERLUDE 9 Quelle soirée!

● PAGE 487

Avez-vous compris?

1. Il a obtenu les deux derniers billets pour le concert de ce soir.
2. Elle a accepté l'invitation d'Olivier parce qu'elle voulait absolument aller à ce concert.

● PAGE 488

Avez-vous compris?

Scène 2

1. Il ne sait pas comment il va aller chercher Caroline.
2. Le père d'Olivier ne veut pas qu'il prenne la voiture ce soir.

Scène 3
1. Il voulait impressionner Caroline avec la nouvelle voiture de son père.
2. Il prend la voiture après le départ de ses parents.

● PAGE 489

Avez-vous compris?

1. La soirée commence très bien. L'orchestre est excellent et Caroline est ravie.
2. Il va au parking parce qu'il pense qu'il a oublié d'éteindre les phares.
3. Il découvre que le feu arrière de la voiture est complètement défoncé.

● PAGE 490

Avez-vous compris?

Scène 2
1. Il demande à son cousin Jean-Jacques de réparer la voiture.
2. Il faut réparer la voiture tout de suite parce qu'Olivier veut rentrer avant le retour de ses parents

Scène 3
1. Olivier est inquiet parce qu'il faut qu'il aille chez Jean-Jacques immédiatement. Il ne sait pas si Caroline comprendra son problème.
2. Non, elle est furieuse.

● PAGE 491

Avez-vous compris?

Scène 1
1. Il examine la voiture. Il dit qu'il doit réparer la voiture et le pare-chocs et changer le feu arrière.
2. Olivier a de la chance parce que Jean-Jacques a les pièces de rechange.

Scène 2
1. Il se couche immédiatement après son retour mais il ne peut pas dormir.
2. Il est heureux parce que la voiture est réparée.

● PAGE 492

Avez-vous compris?

1. Il apprend que son père est fâché parce que quelqu'un est rentré dans sa voiture hier pendant qu'il était au supermarché.
2. Non, il n'est pas sauvé parce qu'il a réparé la voiture. Maintenant son père va découvrir qu'Olivier a pris la voiture hier soir.

TO THE COMMUNIPAK

INTERVIEWS

Interview 1 *(sample answers)*

(Je m'appelle) Suzanne Dupont.
(J'ai) 15 ans.
(J'habite) 15, rue Washington.
(Depuis) huit ans.
(Je suis née à) Detroit.
(Je suis née) le 27 mars 1980.

Interview 2 *(sample answers)*

(Il s'appelle) Nicolas.
(Il a) 16 ans.
Il est plus âgé que moi.
Il est sympathique.
Nous sommes amis depuis septembre.

Interview 3 *(sample answers)*

(Elle s'appelle) Luisa.
(Elle est) cubaine.
(Elle habite à) Miami.
(Elle habite à Miami depuis) trois ans.

Interview 4 *(sample answers)*

(Elle est) russe.
(Elle est) mariée.
(Elle a) 50 ans.
(Elle est) journaliste.

Interview 5 *(sample answers)*

(C'est) un oncle.
(Il a) 30 ans.
(Il est) photographe.
(Il est) imaginatif.

Interview 6 *(sample answers)*

Mon père fait les courses.
Ma mère fait la cuisine.
Je fais la vaisselle.
Ma mère fait les petites réparations.

TU AS LA PAROLE

Tu as la parole 1 *(sample answers)*

Je m'appelle Nicole Marchand.
Je suis américaine.
J'ai 14 ans.
J'habite 33, rue Elm à Newton.

Tu as la parole 2 *(sample answers)*

Je voudrais être avocat ou cinéaste.
Je ne voudrais pas être médecin ou mannequin.

Tu as la parole 3 *(sample answers)*

C'est ma tante.
Elle est divorcée.
Elle est sensible et généreuse.
Elle est ingénieur.

Tu as la parole 4

Allô. Ici . . .
Est-ce que je pourrais parler à Christine?
Quand est-ce qu'elle va être à la maison?
Je rappellerai plus tard.

Tu as la parole 5 *(sample answers)*

Il s'appelle Richard.
Il a 17 ans.
Il est amusant et musicien.
Il est paresseux et impulsif.

Tu as la parole 6

J'ai chaud et soif.
Je n'ai pas envie de faire une promenade à vélo.
Je vais rentrer à la maison.
J'ai besoin d'étudier (d'aider ma mère . . .).

CONVERSATIONS

Conversation 1 *(sample answers)*

Questions:
Où est-ce que ta tante habite?
Quel âge a-t-elle?
Est-elle célibataire ou mariée?
Que fait-elle?
Answers:
Elle habite à Chicago.
Elle a 25 ans.
Elle est célibataire.
Elle est programmeuse.

Conversation 2 *(sample answers)*

Questions:
C'est une voiture japonaise ou américaine?
Est-elle grande ou petite?
C'est une bonne voiture?
Answers:
C'est un voiture japonaise.
Elle est petite.
Oui, c'est une bonne voiture.

Conversation 3 *(sample answers)*

Questions:
Sont-ils sympathiques?
Combien d'enfants ont-ils?
Que fait le père?
Que fait la mère?
Answers:
Oui, ils sont sympathiques.
Ils ont trois enfants.
Le père est dentiste.
La mère est informaticienne.

Conversation 4 *(sample answers)*

Questions:
D'où viens-tu?
Où vas-tu?
Qu'est-ce que tu vas faire au stade?
À quelle heure est-ce que tu vas rentrer à la maison?
Answers:
Je viens de la bibliothèque.
Je vais au stade.
Je vais regarder un match de foot.
Je vais rentrer à la maison à six heures.

Conversation 5 *(sample answers)*

Questions:
As-tu sommeil?
As-tu faim ou soif?
As-tu envie de faire une promenade?
Qu'est-ce que tu as envie de faire ce soir?
Answers:
Oui, j'ai sommeil.
J'ai soif.
Non, je n'ai pas envie de faire une promenade.
J'ai envie de rester à la maison.

Conversation 6 *(sample answers)*

Questions:
Est-ce que ton cousin est pénible (ennuyeux)?
Est-il paresseux?
Est-il généreux ou égoïste?
C'est un bon ou un mauvais élève?
Answers:
Oui, il est pénible (ennuyeux).
Oui, il est paresseux.
Il est très égoïste.
C'est un mauvais élève.

Conversation 7 *(sample answers)*

Questions:
À quelle heure est-ce que tu vas dîner?
À quelle heure est-ce que tu vas faire tes devoirs?
As-tu envie d'aller au cinéma avec moi après?
Answers:
Je vais dîner à six heures.
Je vais faire mes devoirs à sept heures.
Oui, j'ai envie d'aller au cinéma avec toi après.

Conversation 8 *(sample answers)*

Questions:
Qui fait la cuisine chez toi?
Qui fait la vaisselle?
Qui fait les courses?
Qui fait les petites réparations?
Answers:
Mon père fait la cuisine.
Mon frère et moi, nous faisons la vaisselle.
Ma mère fait les courses.
Mon père et ma mère font les petites réparations.

● ÉCHANGES

Échanges 1

Answers will vary.

Échanges 2

Answers will vary.

Échanges 3

Answers will vary.

Échanges 4

Answers will vary.

● TÊTE À TÊTE

Activité 1 L'identité

Élève A (sample answers)

a. (Je m'appelle) David Martin.
(J'ai) quatorze ans.
(C'est) le 555-4938.
(Je suis né) à Syracuse, New York.
(Je suis né) le 31 mars.

b. Aucoin
Monique
15 ans
555-3856
Hartford, Connecticut
18 novembre

Élève B (sample answers)

a. Martin
David
14 ans
555-4938
Syracuse, New York
31 mars

b. (Je m'appelle) Monique Aucoin.
(J'ai) quinze ans.
(C'est) le 555-3856.
(Je suis née) à Hartford, Connecticut.
(Je suis née) le 18 novembre.

Activité 2 Au bureau d'immigration

Élève A

a. **A.** (Elle s'appelle) Beatriz Ortiz.
(Elle est) mexicaine.
(Elle habite) à Acapulco.
(Elle a) [vingt-cinq] ans.
(Elle est) avocate.
B. (Il s'appelle) Ali Zayed.
(Il est) égyptien.
(Il habite) au Caire.
(Il a) [quarante-neuf] ans.
(Il est) pharmacien.
C. (Il s'appelle) Hugo Schmitt.
(Il est) allemand.
(Il habite) à Munich.
(Il a) [quarante] ans.
(Il est) homme d'affaires.

b.

Chang, Kim	Dupré, Béatrice	Popov, Boris
chinoise	belge	russe
Beijing	Bruxelles	Moscou
[30]	[53]	[42]
photographe	femme d'affaires	cinéaste

Élève B

a.

Ortiz, Beatriz	Zayed, Ali	Schmitt, Hugo
mexicaine	égyptien	allemand
Acapulco	Le Caire	Munich
[25]	[49]	[40]
avocate	pharmacien	homme d'affaires

b. **A.** (Elle s'appelle) Kim Chang.
(Elle est) chinoise.
(Elle habite) à Beijing
(Elle a) [trente] ans.
(Elle est) photographe.
B. (Elle s'appelle) Béatrice Dupré.
(Elle est) belge.
(Elle habite) à Bruxelles.
(Elle a) [cinquante-trois] ans.
(Elle est) femme d'affaires.
C. (Il s'appelle) Boris Popov.
(Il est) russe.
(Il habite) à Moscou.
(Il a) [quarante-deux] ans.
(Il est) cinéaste.

Activité 3 Origine et destination

Élève A (sample answers)

a. Il vient de l'école.
Il va à la bibliothèque.
Elle vient de la piscine.
Elle va au café.
Ils viennent du restaurant.
Ils vont au centre commercial.
Elles viennent du musée.
Elles vont au cinéma.

b.

le café	le centre commercial
la bibliothèque	le stade
l'école	la plage
le cinéma	le restaurant

Élève B (sample answers)

a.

l'école	la bibliothèque
la piscine	le café
le restaurant	le centre commercial
le musée	le cinéma

b. Elle vient du café.
Elle va au centre commercial.
Ils viennent de la bibliothèque.
Ils vont au stade.
Il vient de l'école.
Il va à la plage.
Elles viennent du cinéma.
Elles vont au restaurant.

Activité 4 Depuis combien de temps?

Élève A (sample answers)

a. Thomas est en train de faire la vaisselle.
Il fait la vaisselle depuis 10 minutes.
Jérôme et Pauline sont en train de parler au téléphone.
Ils parlent au téléphone depuis deux heures.
Caroline et Isabelle sont en train de jouer au ping-pong.
Elles jouent au ping-pong depuis 30 minutes.
Stéphanie est en train d'étudier.
Elle étudie depuis une heure.

b. Jean-Pierre / regarder la télé / 3 heures
Olivier et Catherine / dîner / 20 minutes
Corinne / jouer au foot / 40 minutes
Julien / faire la cuisine / un quart d'heure

Élève B (sample answers)

a. Thomas / faire la vaisselle/ 10 minutes
Jérôme et Pauline / parler au téléphone / 2 heures
Caroline et Isabelle / jouer au ping-pong / 30 minutes
Stéphanie / étudier / 1 heure

b. Jean-Pierre est en train de regarder la télé.
Il regarde la télé depuis trois heures.
Olivier et Catherine sont en train de dîner.
Ils dînent depuis 20 minutes.
Corinne est en train de jouer au foot.
Elle joue au foot depuis 40 minutes.
Julien est en train de faire la cuisine.
Il fait la cuisine depuis un quart d'heure.

INTERVIEWS

Interview 1 *(sample answers)*

Je suis rentré(e) chez moi à trois heures.
J'ai dîné à six heures et demie.
Oui, j'ai aidé ma mère. J'ai mis la table.
J'ai regardé un match de tennis à la télé.

Interview 2 *(sample answers)*

Je suis parti(e) de chez moi à sept heures et quart.
Je suis venu(e) à l'école en bus.
Je suis arrivé(e) à l'école à huit heures moins dix.
Oui, j'ai eu un cours d'anglais.

Interview 3 *(sample answers)*

J'ai vu «Legends of the Fall».
J'ai vu ce film au cinéma Loew's.
Après le film, je suis allé(e) chez mon ami(e).
Je suis rentré(e) chez moi à onze heures.

Interview 4 *(sample answers)*

Je suis sorti(e) avec mon copain Gérard.
Nous sommes allés en ville.
Nous avons fait des achats.
Je suis rentré(e) chez moi à cinq heures.

Interview 5 *(sample answers)*

Je suis allé(e) là-bas à vélo.
J'ai fait un pique-nique avec ma copine Annie.
J'ai vu des animaux et des oiseaux.
Oui, j'ai pris des photos des fleurs.

Interview 6 *(sample answers)*

J'ai assisté à un match de basket.
Je suis allé(e) à ce match avec mes copains.
Notre lycée à gagné.
Smithtown High a perdu.

Interview 7 *(sample answers)*

J'ai dîné dans un restaurant le mois dernier.
Je suis allé(e) au cinéma samedi dernier.
Je suis allé(e) à la piscine l'été dernier.
J'ai assisté à un match de baseball il y a deux ans.

Interview 8 *(sample answers)*

J'ai appris à marcher à l'âge de dix mois.
J'ai appris à parler à l'âge d'un an.
J'ai appris à nager à l'âge de six ans.
J'ai appris à nager à la piscine près de chez moi.

TU AS LA PAROLE

Tu as la parole 1 *(sample answers)*

J'ai vu des chevaux, des écureuils, des vaches, des oiseaux et des cochons.

Tu as la parole 2 *(sample answers)*

J'aime laver la voiture et j'aime regarder la télé.
Je n'aime pas ranger ma chambre et je n'aime pas faire du baby-sitting.

Tu as la parole 3 *(sample answers)*

J'ai nagé dans un lac et je suis allé(e) à la pêche.
Je n'ai pas fait de promenade à cheval et je n'ai pas visité de ferme.

Tu as la parole 4 *(sample answers)*

Je suis sorti(e) avec Marc, Denise et Claire.
Nous sommes allés au cinéma.
Nous avons vu le nouveau film de Brad Pitt.
Je suis rentré(e) chez moi à minuit.

Tu as la parole 5 *(sample answers)*

Je suis allé(e) à Bloomingdale's.
J'ai acheté un pantalon et des tee-shirts.
J'ai retrouvé Thomas et Marielle.
Nous sommes allés au café.

Tu as la parole 6 *(sample answers)*

Je suis resté(e) à l'hôtel Hilton.
J'ai visité la Statue de la Liberté et l'Empire State Building.
J'ai fait une promenade dans Central Park et j'ai fait des achats.
J'ai beaucoup aimé la ville.

CONVERSATIONS

Conversation 1 *(sample answers)*

Questions:
Qui a organisé la boum?
Combien de personnes sont venues?
Qui as-tu rencontré?
À quelle heure est-ce que la boum a fini?
Answers:
Mon copain Georges a organisé la boum.
Vingt personnes sont venues.
J'ai rencontré une fille de Martinique.
La boum a fini à minuit.

Conversation 2 *(sample answers)*

Questions:
À quelle heure est-ce que tu es allé(e) à la plage?
As-tu pris un bain de soleil?
As-tu fait une promenade?
Quand est-ce que tu es rentré(e)?
Answers:
Je suis allé(e) à la plage à onze heures.
Oui, j'ai pris un bain de soleil.
Non, je n'ai pas fait de promenade.
Je suis rentré(e) à cinq heures.

Conversation 3 *(sample answers)*

Questions:
Êtes-vous allé(e)s à Montréal?
Avez-vous parlé français ou anglais?
Êtes-vous resté(e)s à l'hôtel ou avec des amis?
Avez-vous aimé votre voyage?
Answers:
Oui, nous sommes allé(e)s à Montréal.
Nous avons parlé français et anglais.
Nous sommes resté(e)s avec des amis.
Oui, nous avons aimé notre voyage.

Conversation 4 *(sample answers)*

Questions:
As-tu rencontré des élèves français?
As-tu pris le métro?
Es-tu monté(e) à la Tour Eiffel?
Qu'est-ce que tu as acheté?
As-tu acheté quelque chose pour moi? Quoi?
Answers:
Non, je n'ai pas rencontré d'élèves français.
Oui, j'ai pris le métro.
Oui, je suis monté(e) à la Tour Eiffel?
J'ai acheté beaucoup de souvenirs.
Non, je n'ai rien acheté pour toi.

Conversation 5 *(sample answers)*

Questions:
Est-ce que tu as eu un accident?
Est-ce que tu es tombé(e) de ton vélo?
Est-ce que tu es allé(e) à l'hôpital?
Answers:
Oui, j'ai eu un accident.
Non, je suis tombé(e) d'une chaise.
Oui, je suis allé(e) à l'hôpital.

Conversation 6 *(sample answers)*

Questions:
Êtes-vous sorti(e)s?
Où êtes-vous allé(e)s?
Où avez-vous déjeuné?
Qu'est-ce que vous avez fait après?
Answers:
Oui, nous sommes sorti(e)s.
Nous sommes allé(e)s au centre commercial.
Nous avons déjeuné à Burger King.
Après, nous sommes allé(e)s au ciné.

Conversation 7 *(sample answers)*

Questions:
Quand est-ce que ma cousine Lucie a téléphoné?
Quand est-ce que mon frère est rentré?
Quand est-ce que ma mère est partie?
Quand est-ce que le facteur est venu?
Answers:
Elle a téléphoné à une heure et demie.
Il est rentré à deux heures et quart.
Elle est partie à trois heures moins le quart.
Il est venu à trois heures dix.

Conversation 8 *(sample answers)*

Questions:
Est-ce que tu entends quelque chose?
Est-ce que tu vois quelque chose?
Est-ce que tu entends quelqu'un?
Est-ce que tu vois quelqu'un?
Answers:
Oui, j'entends quelque chose.
Non, je ne vois rien.
Oui, j'entends quelqu'un.
Non, je ne vois personne.

● ÉCHANGES

Échanges 1

Answers will vary.

Échanges 2

Answers will vary.

Échanges 3

Answers will vary.

● TÊTE À TÊTE

Activité 1 Samedi et dimanche

Élève A (sample answers)

a. Samedi matin, j'ai rangé ma chambre.
Samedi après-midi, j'ai lavé la voiture.
Samedi soir, je suis sorti(e) avec un copain.
Dimanche matin, je suis allé(e) à l'église.
Dimanche après-midi, j'ai vu un film à la télé.
Dimanche soir, j'ai fait mes devoirs.

b. samedi matin: aider sa mère
samedi après-midi: faire des achats
samedi soir: aller à une boum
dimanche matin: aller chez un copain
dimanche après-midi: aller en ville
dimanche soir: préparer ses leçons

Élève B (sample answers)

a. samedi matin: ranger sa chambre
samedi après-midi: laver la voiture
samedi soir: sortir avec un copain
dimanche matin: aller à l'église
dimanche après-midi: voir un film à la télé
dimanche soir: faire ses devoirs

b. Samedi matin, j'ai aidé ma mère.
Samedi après-midi, j'ai fait des achats.
Samedi soir, je suis allé(e) à une boum.
Dimanche matin, je suis allé(e) chez un copain.
Dimanche après-midi, je suis allé(e) en ville.
Dimanche soir, j'ai préparé mes leçons.

Activité 2 Un samedi d'été

Élève A (sample answers)

a. Je suis allé(e) à la plage.
Je suis allé(e) là-bas à vélo.
Je suis parti(e) à neuf heures du matin.
J'ai pris un bain de soleil.
Je suis rentré(e) chez moi à six heures du soir.
Après le dîner, j'ai fait les devoirs.

b.
- Où est-ce que tu es allé(e)?
  à la campagne
- Comment est-ce que tu es allé(e) là-bas?
  à pied
- À quelle heure es-tu parti(e)?
  à midi
- Qu'est-ce que tu as fait?
  prendre des photos
- À quelle heure es-tu rentré(e) chez toi?
  5 heures de l'après-midi
- Qu'est-ce que tu as fait après le dîner?
  voir un film à la télé

Élève B (sample answers)

a.
- Où est-ce que tu es allé(e)?
  à la plage
- Comment est-ce que tu es allé(e) là-bas?
  à vélo
- À quelle heure es-tu parti(e)?
  9 heures du matin
- Qu'est-ce que tu as fait?
  prendre un bain de soleil
- À quelle heure es-tu rentré(e) chez toi?
  6 heures du soir
- Qu'est-ce que tu as fait après le dîner?
  faire les devoirs

b. Je suis allé(e) à la campagne.
Je suis allé(e) là-bas à pied.
Je suis parti(e) à midi.
J'ai pris des photos.
Je suis rentré(e) chez moi à cinq heures de l'après-midi.
Après le dîner, j'ai vu un film à la télé.

Activité 3 Un voyage

Élève A (sample answers)

a. lundi: 3 Je suis allé(e) à Notre-Dame
mardi: 5 Je suis sorti(e) avec des copains français.
mercredi: 2 J'ai vu le Musée d'Orsay.
jeudi: 4 J'ai dîné dans un bon restaurant.
vendredi: 1 Je suis monté(e) à la Tour Eiffel.
samedi: 6 J'ai fait des achats.
dimanche: 7 Je suis allé(e) au Quartier Latin.

b. lundi: aller à l'île d'Orléans
mardi: faire une promenade dans le Vieux Québec
mercredi: acheter des souvenirs
jeudi: visiter les plaines d'Abraham
vendredi: monter au Château Frontenac
samedi: voir un match de hockey
dimanche: sortir avec une copine canadienne

Élève B (sample answers)

a. lundi: aller à Notre-Dame
mardi: sortir avec des copains français
mercredi: voir le Musée d'Orsay
jeudi: dîner dans un bon restaurant
vendredi: monter à la Tour Eiffel
samedi: faire des achats
dimanche: aller au Quartier Latin

b. lundi: 5 Je suis allé(e) à l'île d'Orléans.
mardi: 1 J'ai fait une promenade dans le Vieux Québec.
mercredi: 7 J'ai acheté des souvenirs.
jeudi: 4 J'ai visité les plaines d'Abraham.
vendredi: 6 Je suis monté(e) au Château Frontenac.
samedi: 3 J'ai vu un match de hockey.
dimanche: 2 Je suis sorti(e) avec une copine canadienne.

Activité 4 Détectives

Élève A (sample answers)

a. d'abord: Il est allé au Café du Contact.
Il est resté une heure.
Il a joué au flipper.
après: Il est allé à l'Hôtel Napoléon.
Il est resté 30 minutes.
Il a rencontré un ami.
finalement: Il est allé aux Galeries Modernes.
Il est resté 20 minutes.
Il a mis une fausse barbe.

b. d'abord: au Musée d'Art Moderne
40 minutes
Elle a téléphoné.
après: au Centre Audiovisuel
30 minutes
Elle a mis un appareil-photo dans son sac.
finalement: au Restaurant Novembre
une heure et demie
Elle est allée à la cuisine.

Élève B (sample answers)

a. d'abord: au Café du Contact
une heure
Il a joué au flipper.
après: à l'Hôtel Napoléon
30 minutes
Il a rencontré un ami.
finalement: aux Galeries Modernes
20 minutes
Il a mis une fausse barbe.

b. d'abord: Elle est allée au Musée d'Art Moderne.
Elle est restée 40 minutes.
Elle a téléphoné.
après: Elle est allée au Centre Audiovisuel.
Elle est restée 30 minutes.
Elle a mis un appareil-photo dans son sac.
finalement: Elle est allée au Restaurant Novembre.
Elle est restée une heure et demie.
Elle est allée à la cuisine.

INTERVIEWS

Interview 1 *(sample answers)*

Je préfère la limonade.
J'ai bu un chocolat.
En général, je bois du lait.
Quand j'ai très soif je bois de l'eau.

Interview 2 *(sample answers)*

Je préfère le poisson.
Mon plat préféré est le saumon.
Mon dessert préféré est la glace.
Avec les repas je bois du lait.

Interview 3 *(sample answers)*

Je veux une pizza.
Avec ça, je préfère une salade verte.
Pour le dessert, je veux une glace.
Je veux boire un soda.

Interview 4 *(sample answers)*

Je préfère la cuisine italienne.
Je préfère la cuisine chinoise.
Je préfère aller au restaurant pour le dîner.
Je veux aller au restaurant vendredi.

Interview 5 *(sample answers)*

Je prends le petit déjeuner à sept heures.
Je déjeune à onze heures et demie.
En général, je déjeune à la cantine de mon école.
D'après moi, la nourriture de la cantine est assez bonne.

Interview 6 *(sample answers)*

Achète du pain, du jambon et du fromage.
Pour le dessert, achète de la tarte.
Achète des poires et des oranges.
Achète du jus de pomme et du soda.

Interview 7 *(sample answers)*

Je suis allé(e) à «China Ruby».
On fait de la cuisine chinoise.
J'ai mangé du boeuf teriyaki, du poulet et du riz.
J'ai bu du thé chinois.

Interview 8 *(sample answers)*

Je prèfère du melon.
Je prèfère du poulet rôti.
Je prèfère des haricots verts.
Je prèfère de la tarte.

TU AS LA PAROLE

Tu as la parole 1 *(sample answers)*

S'il vous plaît, apportez-moi un couteau, une cuillère, de l'eau et du sel.

Tu as la parole 2 *(sample answers)*

S'il vous plaît, je voudrais trois tranches de jambon, un pot de moutarde, un kilo de pommes et un grand morceau de fromage.

Tu as la parole 3 *(sample answers)*

S'il vous plaît, je voudrais un croque-monsieur.
Comme boisson, donnez-moi une limonade.
L'addition, s'il vous plaît.
Est-ce que le service est compris?

Tu as la parole 4 *(sample answers)*

Nous dînons à sept heures.
Généralement, nous mangeons de la salade, de la viande ou du poulet, des pommes de terre ou du riz et un légume.
Nous buvons du lait ou de l'eau.
Comme dessert, nous avons souvent du gâteau.

Tu as la parole 5 *(sample answers)*

Nous sommes allé(e)s à «Daisy's».
J'ai mangé des crêpes et ma tante a mangé une omelette au jambon.
J'ai bu un jus d'orange et ma tante a bu un café.
Le repas a été très bon.

Tu as la parole 6 *(sample answers)*

J'aime la cuisine italienne.
Mon plat préféré est les spaghetti.
Je n'aime pas le scampi et les ravioli.
Comme dessert, je voudrais une glace.

CONVERSATIONS

Conversation 1 *(sample answers)*

Questions:
Veux-tu un verre?
Veux-tu une serviette?
Veux-tu une fourchette et un couteau?
Answers:
Oui, je veux un verre.
Non, je ne veux pas de serviette.
Oui, je veux une fourchette et un couteau.

Conversation 2 *(sample answers)*

Questions:
Veux-tu un sandwich au jambon ou au fromage?
Veux-tu une salade verte ou une salade de tomates?
Veux-tu une glace à la vanille ou au chocolat?
Veux-tu un soda or un thé glacé?
Answers:
Je veux un sandwich au fromage.
Je veux une salade de tomates.
Je veux une glace au chocolat.
Je veux un thé glacé.

Conversation 3 *(sample answers)*

Questions:
Est-ce que tu manges du fromage?
Est-ce que tu manges du beurre ou de la margarine?
Est-ce que tu manges beaucoup de glace?
Est-ce que tu manges du yaourt?
Est-ce que tu bois du lait?
Answers:
Oui, je mange du fromage.
Je mange de la margarine.
Non, je ne mange pas beaucoup de glace.
Non, je ne mange pas de yaourt.
Oui, je bois du lait.

Conversation 4 *(sample answers)*

Questions:
Est-ce que tu manges du pain?
Est-ce que tu manges de la confiture?
Est-ce que tu manges des céréales ou des oeufs?
Quel fruit est-ce que tu manges?
Quel jus est-ce que tu bois?
Answers:
Oui, je mange du pain.
Non, je ne mange pas de confiture.
Je mange des cérérales.
Je mange un pamplemousse ou une banane.
Je bois du jus d'orange ou du jus de pomme.

Conversation 5 *(sample answers)*

Questions:
Est-ce que tu as acheté du pain?
Est-ce que tu as acheté du jambon et du fromage?
Quels fruits est-ce que tu as achetés?
Quelles boissons est-ce que tu as achetées?
Answers:
Oui, j'ai acheté du pain.
Oui, j'ai acheté du jambon et du fromage.
J'ai acheté des pommes et des poires.
J'ai acheté du jus de raisin et de l'eau minérale.

Conversation 6 *(sample answers)*

Questions:
À quel restaurant es-tu allé(e)?
Qu'est-ce que tu as commandé comme hors-d'oeuvre?
Qu'est-ce que tu as mangé après?
Qu'est-ce que tu as pris comme dessert?
Qu'est-ce que tu as bu?
Answers:
Je suis allé(e) à «Jonah's By-the-Sea».
Comme hors-d'oeuvre, j'ai commandé du melon.
Après j'ai mangé de la sole.
Comme dessert, j'ai pris une tarte aux pommes.
J'ai bu une limonade.

Conversation 7 *(sample answers)*

Questions:
Aimes-tu la soupe?
Est-ce que tu préfères le poulet ou le jambon?
Quels légumes aimes-tu?
Quel dessert aimes-tu?
Answers:
Oui, j'aime la soupe.
Je préfère le poulet.
J'aime les carottes et les petits pois.
J'aime le gâteau.

Conversation 8 *(sample answers)*

Questions:
Combien de kilos de pommes de terre est-ce que je dois acheter?
Combien de boîtes de thon est-ce que je dois acheter?
Combien de tranches de jambon est-ce que je dois acheter?
Combien de bouteilles d'eau minérale est-ce que je dois acheter?
Answers:
Achète cinq kilos de pommes de terre.
Achète trois boîtes de thon.
Achète dix tranches de jambon.
Achète sept bouteilles d'eau minérale.

● ÉCHANGES

Échanges 1

Answers will vary.

Échanges 2

Answers will vary.

Échanges 3

Answers will vary.

TÊTE À TÊTE

Activité 1 Pique-nique

Élève A (sample answers)

a. Il a mangé du gâteau. / Il a bu de l'orangeade.
Ils ont mangé du yaourt. / Ils ont bu de l'eau minérale.
Elle a mangé de la salade. / Elle a bu du thé glacé.
Ils ont mangé du jambon. / Ils ont bu du café.

b.

Pierre:	poulet, café
Sophie:	céleri, eau minérale
Éric et Jérôme:	fromage, orangeade
Corinne et Sylvie:	melon, thé glacé

Élève B (sample answers)

a.

Daniel:	gâteau, orangeade
Thomas et Pauline:	yaourt, eau minérale
Cécile:	salade, thé glacé
Marc et Francine:	jambon, café

b. Il a mangé du poulet. / Il a bu du café.
Elle a mangé du céleri. / Elle a bu de l'eau minérale.
Ils ont mangé du fromage. / Ils ont bu de l'orangeade.
Elles ont mangé du melon. / Elles ont bu du thé glacé.

Activité 2 Le petit déjeuner

Élève A (sample answers)

a. Je veux le petit déjeuner à sept heures et demie.
Je vais prendre une omelette et du pain et fromage.
Je veux des fraises.
Je vais boire du thé.

b.

Heure:	8h
Plat(s):	céréales, yaourt
Fruits:	pamplemousse
Boisson(s):	jus d'orange, café

Élève B (sample answers)

a.

Heure:	7h30
Plat(s):	omelette, pain et fromage
Fruits:	fraises
Boisson(s):	thé

b. Je veux le petit déjeuner à huit heures.
Je vais prendre des céréales et du yaourt.
Je veux un pamplemousse.
Je vais boire du jus d'orange et du café.

Activité 3 Une invitation au restaurant

Élève A (sample answers)

a. Mon repas préféré est le dîner.
J'aime la cuisine mexicaine.
J'aime le poulet.
Je préfère les tomates.
Je préfère la tarte aux pommes.

b.

Repas:	le déjeuner
Cuisine:	américaine
Plat préféré:	le steak
Légumes:	les frites
Dessert:	la glace au chocolat

Élève B (sample answers)

a.

Repas:	le dîner
Cuisine:	mexicaine
Plat préféré:	le poulet
Légumes:	les tomates
Dessert:	la tarte aux pommes

b. Mon repas préféré est le déjeuner.
J'aime la cuisine américaine.
J'aime le steak.
Je préfère les frites.
Je préfère la glace au chocolat.

Activité 4 Les courses

Élève A (sample answers)

a. Oui, achète quatre boîtes de thon.
Oui, achète cinq tranches de jambon.
Oui, achète deux sacs d'oranges.
Oui, achète trois bouteilles d'eau minérale.
Oui, achète deux litres de lait.
Non, n'achète pas de haricots verts.
Oui, achète une douzaine d'oeufs.

b. 2 paquets de céréales
×
3 paquets de riz
8 morceaux de fromage
4 bouteilles de limonade
2 pots de yaourt
5 livres de sucre

Élève B (sample answers)

a. 4 boîtes de thon
5 tranches de jambon
2 sacs d'oranges
3 bouteilles d'eau minérale
2 litres de lait
×
1 douzaine d'oeufs

b. Oui, achète deux paquets de céréales.
Non, n'achète pas de confiture.
Oui, achète trois paquets de riz.
Oui, achète huit morceaux de fromage.
Oui, achète quatre bouteilles de limonade.
Oui, achète deux pots de yaourt.
Oui, achète cinq livres de sucre.

INTERVIEWS

Interview 1 *(sample answers)*

J'aime le rock.
Mon groupe préféré est le Green Day.
Mon chanteur préféré est Jon Secada.
Ma chanteuse préférée est Céline Dion.

Interview 2 *(sample answers)*

Il s'appelle «Legends of the Fall».
C'est un western.
Brad Pitt joue le rôle principal.
Julia Ormond joue le rôle principal.

Interview 3 *(sample answers)*

J'aime les films d'aventures.
Christian Slater est mon acteur favori.
Jodi Foster est mon actrice favorite.
Je veux aller au cinéma avec toi samedi.

Interview 4 *(sample answers)*

Je préfère aller au cinéma.
Je préfère voir une exposition.
Je vais au cinéma deux ou trois fois par mois.
Je suis allé(e) au concert deux fois l'année dernière.

Interview 5 *(sample answers)*

Je regarde le basket et le baseball.
Mon équipe professionnelle favorite est le Orlando Magic.
Le meilleur joueur de cette équipe est Shaquille O'Neal.
Mon joueur professionnel favori est Michael Jordan.

Interview 6 *(sample answers)*

Elle s'appelle les Oakland A's.
Elle joue à Oakland.
En général, elle gagne ses matchs.
Elle joue dans la ligue américaine.
Le meilleur joueur est Mark McGwire.

Interview 7 *(sample answers)*

Je regarde la télé deux heures par jour.
Je préfère regarder les comédies.
Ma comédie favorite est «Seinfeld».
J'ai regardé le Super Bowl.

Interview 8 *(sample answers)*

Je lis *Sports Illustrated* et *People.*
Ma bande dessinée favorite est «Calvin and Hobbes».
J'ai lu *The New York Times.*
Le principal journal de ma ville s'appelle *The Daily Star.*

TU AS LA PAROLE

Tu as la parole 1 *(sample answers)*

«Billy Madison» joue.
C'est une comédie.
La séance commence à sept heures et quart.
Les billets coûtent sept dollars.

Tu as la parole 2 *(sample answers)*

Merci pour l'invitation.
Malheureusement, je suis occupé(e) dimanche après-midi.
Je dois étudier.
Je vais te téléphoner dimanche soir.

Tu as la parole 3 *(sample answers)*

Est-ce que tu es libre ce soir?
Est-ce que tu veux sortir avec moi?
Est-ce que tu préfères voir un film ou aller à un concert?
Qui est ton acteur favori (ton groupe favori, ta chanteuse favorite)?

Tu as la parole 4 *(sample answers)*

Est-ce que tu as déjà assisté à un match de football américain?
Je vais t'inviter à un match samedi prochain.
Mon équipe favorite est les Patriots.
Les meilleurs joueurs sont Drew Bledsoe et Ben Coates.

Tu as la parole 5 *(sample answers)*

Je l'ai invitée chez moi plusieurs fois.
Je l'ai amenée à un concert.
Je lui ai donné un poster de notre ville.
Je lui ai montré le centre commercial.

Tu as la parole 6 *(sample answers)*

Est-ce que tu peux me montrer la Tour Eiffel?
Est-ce que tu peux me donner l'adresse d'un bon restaurant?
Est-ce que tu peux déjeuner/dîner avec moi?
Est-ce que tu peux me présenter à tes amis?

CONVERSATIONS

Conversation 1 *(sample answers)*

Questions:
Quel film est-ce que tu veux voir?
Quelle sorte de film est-ce?
Qui sont les acteurs?
À quelle heure commence le film?
Combien coûtent les billets?
Answers:
Je veux voir «Apollo 13».
C'est un drame.
Les acteurs sont Tom Hanks et Kevin Bacon.
Il commence à sept heures dix.
Les billets coûtent sept dollars cinquante.

Conversation 2 *(sample answers)*

Questions:
Est-ce que tu m'invites?
Est-ce que tu invites mon frère (ma soeur)?
Est-ce que je peux apporter mes cassettes ou mes CD?
À quelle heure commence la boum?
Answers:
Oui, je t'invite.
Non, je n'invite pas ton frère (ta soeur).
Oui, apporte tes CD.
La boum commence à huit heures.

Conversation 3 *(sample answers)*

Questions:
Est-ce que tu aimes lire?
Quels magazines est-ce que tu lis?
Quelles bandes dessinées est-ce que tu lis?
Est-ce que tu as lu un roman récemment? Lequel?
Answers:
Oui, j'aime lire.
Je lis *Sports Illustrated* et *Time*.
Je lis «Calvin and Hobbes» et «Garfield».
Oui, j'ai lu «Lord of the Flies».

Conversation 4 *(sample answers)*

Questions:
Est-ce que tu sais chanter?
Est-ce que tu sais danser?
Est-ce que tu sais jouer de la guitare?
Est-ce que tu connais des chansons françaises?
Answers:
Non, je ne sais pas chanter.
Oui, je sais danser.
Non, je ne sais pas jouer de la guitare.
Oui, je connais des chansons françaises.

Conversation 5 *(sample answers)*

Questions:
Est-ce que tu écris une lettre? À qui?
Est-ce que tu écris souvent à cet ami (cette amie)?
Est-ce que tu préfères lui téléphoner ou lui écrire?
Answers:
Oui, j'écris une lettre à mon amie Catherine.
Non, je ne lui écris pas souvent.
Je préfère lui téléphoner.

Conversation 6 *(sample answers)*

Questions:
Où est-ce que tu as fait la connaissance de Jérôme?
Est-ce que tu lui écris souvent?
Est-ce que tu lui envoies des cartes postales?
Est-ce que tu vas le voir l'été prochain?
Answers:
J'ai fait la connaissance de Jérôme à la plage.
Oui, je lui écris souvent.
Non, je ne lui envoie pas de cartes postales.
Non, je ne vais pas le voir l'été prochain.

Conversation 7 *(sample answers)*

Questions:
Qu'est-ce que tu cherches?
As-tu laissé le livre à la maison?
L'as-tu oublié dans le bus.
Quand est-ce que tu l'as perdu?
Answers:
Je cherche mon livre de français.
Non, je ne l'ai pas laissé à la maison.
Oui, je l'ai oublié dans le bus.
Je l'ai perdu ce matin.

Conversation 8 *(sample answers)*

Conversations:
—S'il vous plaît, monsieur (mademoiselle), montrez-moi le menu.
—Voici le menu.
—Merci.

—S'il vous plaît, monsieur (mademoiselle), donnez-moi un verre.
—Voici un verre.
—Merci.

—S'il vous plaît, monsieur (mademoiselle), prêtez-moi un stylo.
—Voici un stylo.
—Merci.

● ÉCHANGES

Échanges 1

Answers will vary.

Échanges 2

Answers will vary.

Échanges 3

Answers will vary.

● TÊTE À TÊTE

Activité 1 Les sorties

Élève A

a. Je suis sorti(e) huit fois.
Je suis allé(e) au cinéma trois fois.
Je suis allé(e) au musée deux fois.
Je suis allé(e) au concert deux fois.
Je suis allé(e) au théâtre une fois.

b. Combien de fois es-tu sorti(e)?
Combien de fois es-tu allé(e) au cinéma?
Combien de fois es-tu allé(e) au musée?
Combien de fois es-tu allé(e) au concert?
Combien de fois es-tu allé(e) au théâtre?

Élève B

a. Combien de fois es-tu sorti(e)?
Combien de fois es-tu allé(e) au cinéma?
Combien de fois es-tu allé(e) au musée?
Combien de fois es-tu allé(e) au concert?
Combien de fois es-tu allé(e) au théâtre?

b. Je suis sorti(e) huit fois.
Je suis allé(e) au cinéma trois fois.
Je suis allé(e) au musée une fois.
Je suis allé(e) au concert trois fois.
Je suis allé(e) au théâtre une fois.

Activité 2 Invitations

Élève A (sample answers)

a. Non, je ne suis pas libre.
J'ai rendez-vous avec Alice.
Non, je suis occupé(e).
Je vais au théâtre pour voir «l'homme de la Manche».
Oui, je suis libre.
Oui, bien sûr!

b. Est-ce que tu es libre mercredi?
Qu'est-ce que tu fais?
Est-ce que tu es libre samedi?
Qu'est-ce que tu fais?
Est-ce que tu es libre vendredi?
Est-ce que tu veux aller au théâtre pour voir *les Misérables* avec moi?

Élève B (sample answers)

a. Est-ce que tu es libre lundi?
Qu'est-ce que tu fais?
Est-ce que tu es libre samedi?
Qu'est-ce que tu fais?
Est-ce que tu es libre jeudi?
Est-ce que tu veux aller au restaurant La Bergerie avec moi?

b. Non, je ne suis pas libre.
Je vais au ciné.
Non, je suis occupé(e).
Je vais au match de basket Clermont-Nice.
Oui, je suis libre.
Avec plaisir!

INTERVIEWS

Interview 1 *(sample answers)*

Je vais à «Crane's Beach».
Je pratique la natation et le jogging.
On peut pratiquer aussi la planche à voile et la voile.
J'aimerais apprendre le ski nautique.

Interview 2 *(sample answers)*

En automne ou au printemps on peut pratiquer le VTT et l'équitation.
En été on peut pratiquer la natation et le surf.
On peut faire de la marche à pied à la plage.
Pour faire de la planche à voile on peut aller à «South Beach».

Interview 3 *(sample answers)*

Oui, je fais du sport.
Pour rester en forme je fais de l'aérobic et du jogging.
À mon avis, le meilleur sport pour la santé est la natation.
À mon avis, les sports dangereux sont le surf et le parachutisme.

Interview 4 *(sample answers)*

Elle est petite.
Elle a les cheveux longs.
Elle a les cheveux châtains.
Elle a les yeux marron.

Interview 5 *(sample answers)*

Oui, en général, je suis en bonne santé.
Non, je n'ai pas eu la grippe l'hiver dernier.
Quand j'ai la grippe, j'ai mal à la tête et à la gorge.
Quand je fais trop de sport, j'ai mal aux jambes.

Interview 6 *(sample answers)*

Je me suis levé(e) à sept heures.
Après, je me suis lavé(e) et je me suis habillé(e).
J'ai dîné à six heures et demie.
Je me suis couché(e) à dix heures et demie.

Interview 7 *(sample answers)*

Je me suis levé(e) à dix heures.
Oui, je me suis promené(e) en ville.
Non, je ne me suis pas reposé(e) tout la journée. J'ai fait de la planche à roulettes.
Je me suis couché(e) à dix heures.

Interview 8 *(sample answers)*

Je dors huit ou neuf heures.
En général, je me réveille à sept heures.
Non, je ne me lève pas immédiatement après. Je dors encore cinq minutes.
En général, avant de me coucher je regarde la télé.

TU AS LA PAROLE

Tu as la parole 1 *(sample answers)*

Je vais acheter du savon, du shampooing, une brosse à dents et du dentifrice.

Tu as la parole 2 *(sample answers)*

Levez la main droite.
Mettez les mains derrière le dos.
Touchez les pieds.
Mettez les mains sur les genoux.

Tu as la parole 3 *(sample answers)*

Je ne me sens pas bien.
J'ai un rhume.
J'ai mal à la tête.
J'ai mal aux oreilles.

Tu as la parole 4 *(sample answers)*

Je fais souvent du ski et du VTT.
Je ne fais pas de voile ou de patinage à roulettes.

Tu as la parole 5 *(sample answers)*

Je me couche à onze heures.
Je me réveille à six heures et demie.
Je me lève à sept heures moins le quart.
Je fais de l'aérobic ou du jogging.

Tu as la parole 6 *(sample answers)*

Tais-toi!
Dépêche-toi!
Brosse-toi les dents!
Assieds-toi dans ta chaise!

CONVERSATIONS

Conversation 1 *(sample answers)*

Questions:
Est-ce que tu fais de la voile?
Est-ce que tu fais du ski nautique?
Est-ce que tu fais de la planche à voile?
Answers:
Oui, je fais de la voile.
Non, je ne fais pas de ski nautique.
Oui, je fais de la planche à voile.

Conversation 2 *(sample answers)*

Questions:
Est-ce que tu as fait de la marche à pied?
Est-ce que tu as fait du vélo?
Est-ce que tu as fait de l'équitation?
Answers:
Oui, j'ai fait de la marche à pied.
Oui, j'ai fait du vélo.
Non, je n'ai pas fait d'équitation.

Conversation 3 *(sample answers)*

Questions:
Quels sports est-ce que tu pratiques en été?
Quels sports est-ce que tu pratiques en hiver?
Quels sports est-ce que tu pratiques tous les jours?
Answers:
En été je pratique du VTT et de la natation.
En hiver je pratique du ski et du patinage.
Tous les jours je fais du jogging.

Conversation 4 *(sample answers)*

Questions:
Ça va?
Est-ce que tu as mal au dos?
Est-ce que tu as mal aux genoux?
Où est-ce que tu as mal?
Answers:
Non, ça ne va pas.
Non, je n'ai pas mal au dos.
Oui, j'ai mal aux genoux.
J'ai mal au pied.

Conversation 5 *(sample answers)*

Questions:
Comment s'appelle le bébé?
Est-ce qu'il a les yeux bleus ou noirs?
Est-ce qu'il a les cheveux blonds ou noirs?
Est-ce qu'il a les oreilles grandes ou petites?
Answers:
Il s'appelle Gérard.
Il a les yeux noirs.
Il a les cheveux noirs.
Il a les oreilles petites.

Conversation 6 *(sample answers)*

Questions:
Quel dentifrice est-ce que tu utilises?
Quel savon est-ce que tu utilises?
Quel shampooing est-ce que tu utilises?
Answers:
J'utilise «Crest».
J'utilise «Ivory».
J'utilise «Finesse».

Conversation 7 *(sample answers)*

Questions:
À quelle heure est-ce que tu te lèves?
À quelle heure est-ce que tu te couches?
À quelle heure est-ce que tu te lèves le dimanche?
À quelle heure est-ce que tu te couches le samedi soir?
Answers:
Je me lève à six heures et demie.
Je me couche à dix heures et quart.
Le dimanche je me lève à neuf heures.
Le samedi soir je me couche à minuit.

Conversation 8 *(sample answers)*

Questions:
Est-ce que tu t'es bien habillé(e) pour la boum.
Est-ce que tu t'es amusé(e)?
À quelle heure est-ce que la boum a fini?
À quelle heure est-ce que tu t'es couché(e)?
Answers:
Non, je ne me suis pas bien habillé(e) pour la boum.
Oui, je me suis amusé(e).
La boum à fini à une heure.
Je me suis couché(e) à deux heures.

● ÉCHANGES

Échanges 1

Answers will vary.

Échanges 2

Answers will vary.

Échanges 3

Answers will vary.

● TÊTE À TÊTE

Activité 1 Les sports

Élève A (sample answers)

a. Elle fait de la voile.
Elle fait du ski nautique.
Il fait de la natation.
Elles font de la gymnastique.
Ils font de la marche à pied.
Ils font du ski.

b. Jean-François: planche à roulettes
Laure: surf
Patrick: jogging
Caroline: patinage
Pauline et Juliette: équitation
Julia et Éric: vélo

Élève B (sample answers)

a. Stéphanie: voile
Isabelle: ski nautique
Jérôme: natation
Alice et Catherine: gymnastique
Corinne et Marc: marche à pied
Thomas et Vincent: ski

b. Il fait de la planche à roulettes.
Elle fait du surf.
Il fait du jogging.
Elle fait du patinage
Elles font de l'équitation.
Ils font du vélo.

Activité 2 Portraits

Élève A

a. Son visage est rectangulaire.
Ses cheveux sont courts.
Ses yeux sont petits.
Son nez est petit.
Sa bouche est grande.
Ses oreilles sont grandes.

b. *Portraits will vary, but should have the following characteristics: oval face, long hair, big eyes, long nose, small mouth, small ears.*

Élève B

a. *Portraits will vary, but should have the following characteristics: square face, short hair, small eyes, small nose, big mouth, big ears.*

b. Son visage est oval.
Ses cheveux sont longs.
Ses yeux sont grands.
Son nez est long.
Sa bouche est petite.
Ses oreilles sont petites.

INTERVIEWS

Interview 1 *(sample answers)*

J'habite à Cincinnati.
C'est une grande ville.
J'habite dans un quartier moderne.
J'habite dans un immeuble.

Interview 2 *(sample answers)*

Mon appartement est (assez) grand.
Il est moderne.
Il y a six pièces.
Il y a trois chambres à coucher.

Interview 3 *(sample answers)*

Ma chambre est petite.
Les murs sont bleus.
Elle a deux fenêtres.
Il y a un lit, un bureau, une chaise et une lampe.

Interview 4 *(sample answers)*

Il y a un sofa, deux fauteuils, deux petites tables, deux lampes et une étagère.
Oui, il y a un tapis. Il est vert.
Les rideaux sont blancs.
Sur les étagères il y a une télévision, un magnétoscope et des vidéos.

Interview 5 *(sample answers)*

Elle est jaune.
Il y a une table, six chaises, des placards et une petite étagère.
Il y a une cuisinière, un réfrigérateur, un lave-vaisselle et un four à micro-ondes.
Nous prenons le petit déjeuner et le déjeuner à la cuisine.

Interview 6 *(sample answers)*

Quand j'avais dix ans, j'habitais à Concord.
J'allais à Kennedy Elementary School.
Mon meilleur ami s'appelait Robert.
Nous aimions jouer au basket ensemble.

Interview 7 *(sample answers)*

J'étais à la maison.
Je regardais la télé.
Avant, j'ai fait mes devoirs.
Après, je me suis couché(e).

Interview 8 *(sample answers)*

C'était dimanche dernier.
Il faisait beau et chaud.
J'étais avec deux copains.
Nous sommes allés au parc.

TU AS LA PAROLE

Tu as la parole 1 *(sample answers)*

Achète un tapis, un tableau, des rideaux et un four à micro-ondes.

Tu as la parole 2 *(sample answers)*

Ma maison est dans un village à la campagne.
Elle est ancienne.
Elle a deux chambres à coucher et une salle de bains.
Il y a un petit jardin.
Il y a aussi des vaches et des chevaux.

Tu as la parole 3 *(sample answers)*

Ferme les fenêtres.
Éteins la télé.
Prends les clés.
Ferme les portes à clé.

Tu as la parole 4

Je n'ai rien entendu.
J'étais dans ma chambre.
Je regardais la télé.
Les fenêtres étaient fermées.

Tu as la parole 5 *(sample answers)*

J'habitais à Newtown.
J'allais à Newtown Elementary School.
Mon professeur s'appellait Mme Green.
Après l'école, je jouais avec Alexa et Jessica.

Tu as la parole 6 *(sample answers)*

Je suis allé(e) à une boum chez Nicolas.
J'écoutais de la musique rock.
Monique, Pauline, Ashley, Nathan, Matt, Éric et Thomas étaient à la boum.
Nous avons dansé et parlé.

CONVERSATIONS

Conversation 1 *(sample answers)*

Questions:
Est-ce que tu habites dans un immeuble ou dans une maison individuelle?

Est-ce que tu habites dans le centre-ville ou dans la banlieue?
Dans quel quartier est-ce que tu habites?
Answers:
J'habite dans une maison individuelle.
J'habite dans la banlieue.
J'habite à Newtown Center.

Conversation 2 *(sample answers)*

Questions:
Est-ce que la salle de bains est moderne?
Est-ce qu'il y a une douche ou une baignoire?
Est-ce qu'il y a un lave-vaisselle?
Est-ce qu'il y a un four à micro-ondes?
Answers:
Oui, la salle de bains est moderne.
Il y a une douche et une baignoire.
Oui, il y a un lave-vaisselle.
Non, il n'y a pas de four à micro-ondes.

Conversation 3 *(sample answers)*

Questions:
Qu'est-ce que vous allez acheter pour la salle à manger?
Qu'est-ce que vous allez acheter pour le salon?
Qu'est-ce que vous allez acheter pour ta chambre?
Qu'est-ce que vous allez acheter pour la cuisine?
Answers:
Nous allons acheter une table et six chaises.
Nous allons acheter un sofa, deux fauteuils, deux tables et un tableau.
Nous allons acheter une table et quatre chaises, un réfrigérateur et un four à micro-ondes.

Conversation 4 *(sample answers)*

Questions:
Où étais-tu hier?
Est-ce que tu étais malade?
As-tu fait les devoirs?
Answers:
J'étais à la maison.
Oui, j'étais malade.
Non, je n'ai pas fait les devoirs.

Conversation 5 *(sample answers)*

Questions:
Qui était avec toi?
Où alliez-vous?
Qu'est-ce que vous avez fait?
Answers:
Catherine était avec moi.
Nous allions à Macy's.
Nous avons fait des achats.

Conversation 6 *(sample answers)*

Questions:
Quel temps faisait-il?
Combien de personnes étaient dans la voiture?
Où alliez-vous?
Est-ce que la voiture allait vite?
Answers:
Il neigeait.
Il y avait trois personnes dans la voiture.
Nous allions à la montagne.
Non, la voiture n'allait pas vite.

Conversation 7 *(sample answers)*

Questions:
À quelle école allais-tu?
Est-ce que tu as eu des bons professeurs?
Étaient-ils très stricts?
Quelle était ta matière préférée?
Est-ce que tu étudiais beaucoup?
Answers:
J'allais à Smith Elementary School.
Oui, j'ai eu des bons professeurs.
Non, ils n'étaient pas très stricts.
La musique était ma matière préférée?
Oui, j'étudiais beaucoup.

Conversation 8 *(sample answers)*

Questions:
Où est-ce que tu habitais?
Quelles émissions de télé est-ce que tu regardais?
Qui était ton acteur favori?
Qui était ton actrice favorite?
Answers:
J'habitais à Clinton.
Je regardais «Full House» et «Home Improvement.»
Jonathan Taylor Thomas était mon acteur favori.
Candace Cameron était mon actrice favorite.

● ÉCHANGES

Échanges 1

Answers will vary.

Échanges 2

Answers will vary.

Échanges 3

Answers will vary.

● TÊTE À TÊTE

Activité 1 Les sports

Élève A (sample answers)

a. C'est un appartement.
C'est au quatrième étage.
Il y a cinq pièces.
Il y a deux chambres.
Il y a une salle de bains.
La cuisine est petite.
Le salon est grand.
Non, il n'y a pas de garage.

b. Est-ce que c'est un appartement ou une maison individuelle?
Combien d'étages est-ce qu'il y a?
Combien de chambres est-ce qu'il y a au premier étage?
Combien de salles de bains est-ce qu'il y a?
Quelles pièces sont au rez-de-chaussée?
Est-ce qu'il y a une salle de bains au rez-de-chaussée?
Qu'est-ce qu'il y a dans le grenier?
Est-ce qu'il y a une cave?

- une maison individuelle
- quatre étages
- deux chambres
- trois salles de bains
- une cuisine, une salle à manger, un salon, une salle de bains
- un WC
- une chambre et une salle de bains
- oui

Élève B (sample answers)

a. Est-ce que c'est un appartement ou une maison individuelle?
C'est à quel étage?
Combien de pièces est-ce qu'il y a?
Combien de chambres est-ce qu'il y a?
Combien de salles de bains est-ce qu'il y a?
Est-ce que la cuisine est petite ou grande?
Est-ce que le salon est petit ou grand?
Est-ce qu'il y a un garage?

- un appartement
- au quatrième étage
- cinq pièces
- deux chambres
- une salle de bains
- petite
- grand
- non

b. C'est une maison individuelle.
Il y a quatre étages.
Il y a deux chambres au premier étage.
Il y a trois salles de bains.
Au rez-de-chaussée, il y a une cuisine, une salle à manger, un salon et une salle de bains.
Il y a un WC au rez-de-chaussée.
Dans le grenier, il y a une chambre et une salle de bains.
Oui, il y a une cave.

Activité 2 Portraits

Élève A (sample answers)

a. Mets-le à gauche, près du mur.
Mets-le à droite, devant la fenêtre.
Mets-la devant le sofa.
Mets-la à droite, à côté du fauteuil.
Mets-le devant le sofa, sous la table.
Mets-le sur le mur, derrière le sofa.

b. Où est-ce que je mets le lit?
Où est-ce que je mets le fauteuil?
Où est-ce que je mets l'étagère?
Où est-ce que je mets le bureau?
Où est-ce que je mets la lampe?
Où est-ce que je mets la chaise?
Drawings may vary, but should generally resemble the picture on Student B's page.

Élève B (sample answers)

a. Où est-ce que je mets le sofa?
Où est-ce que je mets le fauteuil?
Où est-ce que je mets la table?
Où est-ce que je mets la lampe?
Où est-ce que je mets le tapis?
Où est-ce que je mets le tableau?
Drawings may vary, but should generally resemble the picture on Student A's page.

b. Mets-le à gauche, près du mur.
Mets-le à droite, près de la fenêtre.
Mets-la à droite du lit, près du mur.
Mets-le à droite, près du mur.
Mets-la à côté du fauteuil.
Mets-la sous le bureau.

INTERVIEWS

Interview 1 *(sample answers)*

Mon pantalon est bleu.
Ma chemise est blanche et verte.
Mes chaussures sont noires.
Ma couleur favorite est le vert.

Interview 2 *(sample answers)*

Je porte un polo.
Il est beige.
Il est en coton.
Non, le dessin n'est pas uni. Il est à rayures.

Interview 3 *(sample answers)*

Je vais lui acheter un pull.
Je vais lui acheter un bracelet.
Je vais lui acheter des boucles d'oreille.
Je vais lui acheter une cravate.

Interview 4 *(sample answers)*

Je vais mettre un short.
Je vais mettre des tennis.
Je vais prendre ma casquette.
Je vais prendre aussi des lunettes de soleil et un maillot de bain.

Interview 5 *(sample answers)*

Je vais prendre trois chemises.
Je vais prendre des tennis et des bottes.
Je vais prendre un jean, un pantalon, six tee-shirts, un maillot de bain, un pull et un blouson.
Je vais acheter un blouson et des lunettes de soleil.

Interview 6 *(sample answers)*

Il s'appelle «La Mode».
Il est assez cher.
On vend des jeans, des chemises, des pulls et des blousons.
On vend aussi des casquettes.

Interview 7 *(sample answers)*

Le plus haut monument est le «Soldier's Monument».
Le plus grand centre commercial est «Kingstown Mall».
Le plus joli quartier est «Longmeadow».
La chose la plus intéressante à voir est le stade.

Interview 8 *(sample answers)*

Le plus grand supermarché est «AAA Supermarket».
La plus grande boutique de disques est «Music Town».
Le meilleur restaurant est «Ashley's Place».
La boutique de vêtements la moins chère est «Discount City».

TU AS LA PAROLE

Tu as la parole 1 *(sample answers)*

Je vais prendre des bottes, des gants, un pull et un blouson.

Tu as la parole 2

Prends un parapluie.
N'oublie pas tes bottes.
Mets un chapeau.
Prends un imperméable.

Tu as la parole 3 *(sample answers)*

Pour Charles, je vais acheter une ceinture en cuir.
Pour Sophie, je vais acheter une chaîne en argent.
Pour ma mère, je vais acheter des boucles d'oreille en or.
Pour mon père, je vais acheter une cravate en soie.

Tu as la parole 4

La veste me va bien.
Elle me plaît.
Elle est bon marché.
Je vais réfléchir.

Tu as la parole 5 *(sample answers)*

Quelle sorte de chaussures est-ce que vous cherchez . . . des sandales, des tennis, des bottes?
Quelle est votre pointure?
Quelles chaussures est-ce que vous voudriez essayer?
Les chaussures là-bas sont en solde.

Tu as la parole 6 *(sample answers)*

Je cherche un pantalon.
Je fais du 30.
Où est-ce que je peux l'essayer?
Ce pantalon est un peu cher et je vais chercher quelque chose d'autre.

CONVERSATIONS

Conversation 1 *(sample answers)*

Questions:
Est-ce que tu as un maillot de bain?
Est-ce que tu as des lunettes de soleil?
Est-ce que tu as un grand chapeau?
Answers:
Oui, j'ai un maillot de bain.
Oui, j'ai des lunettes de soleil.
Non, je n'ai pas de grand chapeau.

Conversation 2 *(sample answers)*

Questions:
Est-ce que tu vas porter un short ou un pantalon?
Est-ce que tu vas porter des bottes ou des tennis?
Est-ce que tu vas prendre un imperméable?
Answers:
Je vais porter un pantalon.
Je vais porter des tennis.
Non, je ne vais pas prendre d'imperméable.

Conversation 3 *(sample answers)*

Questions:
Combien de chemises est-ce que tu as achetés?
De quelles couleurs sont-elles?
Sont-elles en laine ou en coton?
Combien as-tu payé?
Answers:
J'ai acheté trois chemises.
Une chemise est grise, une est bleu foncé et l'autre est verte.
Une est en laine et les deux autres sont en coton.

Conversation 4 *(sample answers)*

Questions:
De quelle couleur est ton portefeuille?
Est-il en cuir ou en plastique?
Combien d'argent est-ce qu'il y a dans le portefeuille?
Answers:
Il est marron.
Il est en cuir.
Il y a dix dollars dans le portefeuille.

Conversation 5 *(sample answers)*

Questions:
Est-ce que je peux essayer la veste?
Est-elle en solde?
Combien coûte-t-elle?
Answers:
Oui, tu peux l'essayer.
Non, elle n'est pas en solde.
Elle coûte cent dix dollars.

Conversation 6 *(sample answers)*

Questions:
Qu'est-ce que tu as acheter pour ta grande soeur?
Qu'est-ce que tu as acheter pour ton frère?
Qu'est-ce que tu as acheter pour ton copain/ ta copine?
Answers:
Je lui ai acheté un collier.
Je lui ai acheté une ceinture.
Je lui ai acheté une chaîne avec une medaille.

Conversation 7 *(sample answers)*

Questions:
Qu'est-ce que tu vas porter s'il fait chaud demain?
Qu'est-ce que tu vas porter s'il fait froid?
Qu'est-ce que tu vas porter s'il neige?
Answers:
Je vais porter un jean et un tee-shirt.
Je vais porter un survêtement.
Je vais porter un jean, un pull et un manteau.

Conversation 8 *(sample answers)*

Questions:
Comment s'appelle-t-il/elle?
Est-il/elle plus grand(e) que toi?
Est-il/elle plus jeune ou plus âgé(e)?
Est-il/elle sympathique?
Answers:
Il/Elle s'appelle Chris.
Non, il/elle n'est pas plus grand(e) que moi.
Il/Elle est plus jeune.
Oui, il/elle est très sympathique.

ÉCHANGES

Échanges 1

Answers will vary.

Échanges 2

Answers will vary.

Échanges 3

Answers will vary.

TÊTE À TÊTE

Activité 1 Un grand magasin

Élève A

a. Combien coûte la ceinture? / 175 F
Combien coûte le parapluie? / 280 F

Combien coûte le blouson? / 450 F
Combien coûte le portefeuille? / 230 F
Combien coûtent les chaussettes? / 35 F
Combien coûte la bague? / 2 000 F

b. Elles coûtent mille cinq cents francs.
Elles coûtent mille deux cents francs.
Il coûte trois mille francs.
Il coûte mille sept cent francs.
Il coûte deux mille francs.
Elle coûte soixante-quinze francs.

Élève B

a. Elle coûte cent soixante-quinze francs.
Il coûte deux cent quatre-vingts francs.
Il coûte quatre cent cinquante francs.
Il coûte deux cent trente francs.
Elles coûtent trente-cinq francs.
Elle coûte deux mille francs.

b. Combien coûtent les boucles d'oreille? / 1 500F
Combien coûtent les bottes? / 1 200 F
Combien coûte le collier? / 3 000 F
Combien coûte le manteau? / 1 700 F
Combien coûte l'imperméable? / 2 000 F
Combien coûte la casquette? / 75 F

Activité 2 Cravates et foulards

Élève A (sample answers)

a. La cravate de Monsieur Thomas est à fleurs.
La cravate de Monsieur Bertrand est à pois.
La cravate de Monsieur Lavoie est à rayures.
La cravate de Monsieur Moreau est à carreaux.

b. *Drawings may vary, but should follow the descriptions given by Student B.*

Élève B (sample answers)

a. *Drawings may vary, but should follow the descriptions given by Student A.*

b. Le foulard de Madame Dupont est à pois.
Le foulard de Madame Charron est à carreaux.
Le foulard de Madame Boutron est à rayures.
Le foulard de Madame Laval est à fleurs.

Activité 3 Portraits

Élève A

a. Elles sont plus chères que le collier.
Il est plus large que la veste.
Elle est moins longue que la robe.
Elle est plus rapide que la voiture.
Il est plus fort que Christophe.
Elle est aussi grande qu'Hélène.

b. Est-ce que Madame Simon est plus ou moins élégante que Madame Carré? / –
Est-ce que Monsieur Lambert est plus ou moins jeune que Monsieur Thomas? / –
Est-ce que le portefeuille est plus ou moins cher que la ceinture? / =
Est-ce que le chien est plus ou moins fort que le chat? / –
Est-ce que la voiture blanche est plus ou moins grande que la voiture noire? / –
Est-ce que le paquet est plus ou moins lourd que le sac? / +

Élève B

a. Est-ce que les boucles d'oreille sont plus ou moins chères que le collier? / +
Est-ce que le pantalon est plus ou moins large que la veste? / +
Est-ce que la jupe est plus ou moins longue que la robe? / –
Est-ce que la moto est plus ou moins rapide que la voiture? / +
Est-ce que Jean-Pierre est plus ou moins fort que Christophe? / +
Est-ce qu'Alice est plus ou moins grande qu'Hélène? / =

b. Elle est moins élégante que Madame Carré.
Il est moins jeune que Monsieur Thomas.
Il est aussi cher que la ceinture.
Il est moins fort que le chat.
Elle est moins grande que la voiture noire.
Il est plus lourd que le sac.

INTERVIEWS

Interview 1 *(sample answers)*

J'habite dans le sud.
J'habite dans la Floride.
Les états voisins sont la Géorgie et l'Alabama.
Non, je n'ai pas habité dans un autre état.

Interview 2 *(sample answers)*

Oui, je suis allé(e) en France l'année dernière.
J'aimerais aller en Italie et en Espagne.
J'aimerais passer les vacances à Tahiti.
J'aimerais visiter l'Argentine et le Japon.

Interview 3 *(sample answers)*

Oui, j'ai un sac de couchage.
J'ai aussi une tente, un sac à dos et un réchaud.
Oui, j'ai déjà fait du camping à la montagne et à la plage.
Je suis resté(e) quatre jours à la montagne et une semaine à la plage.

Interview 4 *(sample answers)*

Je suis allé(e) en Californie.
J'ai voyagé en avion.
Je suis resté(e) là-bas une semaine.
Je suis resté(e) dans un hôtel.

Interview 5 *(sample answers)*

J'irais à la mer.
Je ferais un voyage à l'étranger.
Je voyagerais en avion.
Pendant ce voyage, je ferais de la natation et de la planche à voile.

Interview 6 *(sample answers)*

Nous visiterions Paris et Lyon.
Nous louerions une voiture.
Nous resterions en France deux semaines.
Pendant le voyage, nous visiterions des monuments et des châteaux.

Interview 7 *(sample answers)*

J'irai au centre commercial.
J'irai au cinéma avec des copains.
Je me lèverai à onze heures.
Je ferai du vélo.

Interview 8 *(sample answers)*

Je serai célibataire.
Je louerai un appartement.
Je serai journaliste.
J'aurai une BMW.

TU AS LA PAROLE

Tu as la parole 1 *(sample answers)*

Je vais apporter une tente, des sacs de couchage, une poêle et des sacs à dos.

Tu as la parole 2 *(sample answers)*

J'aimerais visiter l'Espagne et la France. Je ne vais pas visiter l'Allemagne et la Russie.

Tu as la parole 3

Achète ton billet d'avion.
Obtiens un passeport.
Fais ta valise.
Prends une carte de la région.

Tu as la parole 4

Je veux acheter un billet pour Nice.
Je voudrais un aller et retour.
Je voyage en touriste.
À quelle heure part le prochain avion?

Tu as la parole 5 *(sample answers)*

Nous irons à la montagne.
Nous ferons du camping.
Nous louerons une caravane.
Nous partirons le 13 juillet et nous retournerons le 22 juillet.

Tu as la parole 6 *(sample answers)*

Quand est-ce que tu arriveras à Washington?
Quand est-ce que tu viendras chez moi?
Est-ce que tu voyageras à DisneyWorld en train ou en avion?
Combien de temps est-ce que tu resteras aux États-Unis?

CONVERSATIONS

Conversation 1 *(sample answers)*

Questions:
Est-ce que tu as un sac à dos?
Est-ce que tu as un sac de couchage?
Combien de couvertures est-ce que tu prendras?
Est-ce que tu apporteras une lampe de poche?
Answers:
Non, je n'ai pas de sac à dos.
Oui, j'ai un sac de couchage.
Je prendrai deux couvertures.
Oui, j'apporterai une lampe de poche.

Conversation 2 *(sample answers)*

Questions:
As-tu déjà un passport?
Est-ce que tu visiteras la France?
Est-ce que tu iras au Portugal?
Quels autres pays est-ce que tu visiteras?
Answers:
Non, je n'ai pas de passport.
Oui, je visiterai la France.
Non, je n'irai pas au Portugal.
Je visiterai aussi la Suisse et l'Italie.

Conversation 3 *(sample answers)*

Questions:
Combien de fois est-ce que tu es allé(e) au Japon?
Es-tu allé(e) en Chine?
À quels autres pays es-tu allé(e)?
Answers:
Je suis allé(e) au Japon cinq fois.
Oui, je suis allé(e) en Chine.
Je suis allé(e) aussi en Corée, en Inde et au Viêt-nam.

Conversation 4 *(sample answers)*

Questions:
À quelle heure est-ce que tu arriveras?
Combien de valises auras-tu?
Quels vêtements est-ce que tu porteras?
Est-ce que tu m'as acheté quelque chose? Quoi?
Answers:
J'arriverai à quatre heures et quart.
J'aurai deux valises.
Je porterai un jean et un tee-shirt bleu.
Oui, je t'ai acheté quelque chose. C'est une boîte de chocolats suisses.

Conversation 5 *(sample answers)*

Questions:
Est-ce que tu iras en Espagne ou au Mexique?
Combien de temps est-ce que tu resteras là-bas?
Qu'est-ce que tu feras là-bas?
Quand est-ce que tu reviendras?
Answers:
J'irai au Mexique.
Je resterai là-bas une semaine.
Je visiterai les pyramides.
Je reviendrai le 6 août.

Conversation 6 *(sample answers)*

Questions:
Est-ce que tu m'écriras?
Est-ce que tu me téléphoneras?
Qu'est-ce que tu m'achèteras?
Answers:
Oui, je t'écrirai.
Non, je ne te téléphonerai pas.
Je t'achèterai un tee-shirt.

Conversation 7 *(sample answers)*

Questions:
À quelle heure est-ce que tu te lèveras?
Comment est-ce que tu iras à l'aéroport?
À quelle heure est-ce que tu arriveras à Montréal?
Combien de temps est-ce que tu resteras au Canada?
Answers:
Je me lèverai à six heures.
J'irai à l'aéroport en bus.
J'arriverai à Montréal à huit heures vingt.
Je resterai trois jours au Canada.

Conversation 8 *(sample answers)*

Questions:
Quelle voiture est-ce que tu achèterais?
Qu'est-ce que tu achèterais à ta famille?
Où est-ce que tu irais pendant les vacances?
Answers:
J'achèterais une Ferrari.
J'achèterais une maison.
J'irais en Afrique pendant les vacances.

● ÉCHANGES

Échanges 1

Answers will vary.

Échanges 2

Answers will vary.

Échanges 3

Answers will vary.

● TÊTE À TÊTE

Activité 1 À l'agence de voyages

Élève A (sample answers)

a. Je m'appelle Marcel Lajoie.
Je désire aller à Genève.
Je veux voyager en avion.
Je veux un aller et retour.
Je veux voyager en touriste.
Je veux partir mardi.

b. Anne Aucoin
Québec
train
aller simple
première
vendredi

Élève B (sample answers)

a. Marcel Lajoie
Genève
avion
aller et retour
touriste
mardi

b. Je m'appelle Anne Aucoin.
Je désire aller à Québec.
Je veux voyager en train.
Je veux un aller simple.
Je veux voyager en première.
Je veux partir vendredi.

Activité 2 Voyage à l'étranger

Élève A (sample answers)

a. Je visiterai le Danemark. Je serai au Danemark le 3 juillet.
Je visiterai l'Italie. Je serai en Italie le 10 juillet.
Je visiterai l'Allemagne. Je serai en Allemagne le 17 juillet.
Je visiterai le Luxembourg. Je serai au Luxembourg le 25 juillet.

b.

le Mexique	le 4 août
l'Argentine	le 11 août
le Pérou	le 20 août
le Chili	le 28 août

Élève B (sample answers)

a.

le Danemark	le 3 juillet
l'Italie	le 10 juillet
l'Allemagne	le 17 juillet
le Luxembourg	le 25 juillet

b. Je visiterai le Mexique. Je serai au Mexique le 4 août.
Je visiterai l'Argentine. Je serai en Argentine le 11 août.
Je visiterai le Pérou. Je serai au Pérou le 20 août.
Je visiterai le Chili. Je serai au Chili le 28 août.

Activité 3 Vacances et voyages

Élève A (sample answers)

a. J'irai à la mer.
J'irai là-bas avec ma famille.
Je resterai à l'hôtel.
Je ferai de la planche à voile.
Je resterai quinze jours.
Je reviendrai chez moi le 15 août.

b. Dans quel pays est-ce que tu iras?
Comment est-ce qui tu voyageras?
Où est-ce que tu resteras?
Qu'est-ce que tu feras là-bas?
Quand est-ce que tu partiras?
Quand est-ce que tu rentreras?

- en France
- en avion
- aller dans les auberges de jeunesse
- voir les musées
- le 15 juin
- le 15 juillet

Élève B (sample answers)

a. Où est-ce que tu iras?
Avec qui est-ce qui tu iras là-bas?
Où est-ce que tu resteras?
Qu'est-ce que tu feras?
Combien de temps est-ce que tu resteras?
Quand est-ce que tu reviendras chez toi?

- à la mer
- avec ma famille
- à l'hôtel
- de la planche à voile
- quinze jours
- le 15 août

b. J'irai en France.
Je voyagerai en avion.
J'irai dans les auberges de jeunesse.
Je verrai les musées.
Je partirai le 15 juin.
Je rentrerai le 15 juillet.

UNITÉ 9 Bonne route

INTERVIEWS

Interview 1 *(sample answers)*

C'est une Pontiac.
C'est une voiture américaine.
Elle a quatre portes.
Elle est verte.

Interview 2 *(sample answers)*

C'est une Jaguar.
Elle est assez petite.
Elle est rouge.
Sa vitesse maximum est 180 miles par heure.

Interview 3 *(sample answers)*

Non, je ne sais pas conduire.
Dans ma famille, quatre personnes ont le permis de conduire.
On peut obtenir le permis de conduire à 16 ans.
J'espère avoir le permis de conduire dans deux ans.

Interview 4 *(sample answers)*

Avant de partir pour l'école, je prends le petit déjeuner.
Avant de me coucher, je regarde la télé.
Avant de passer un examen, j'étudie.
Avant de partir en vacances, j'achète des vêtements et je fais mes valises.

Interview 5 *(sample answers)*

Oui, il faut que je range ma chambre.
Non, il ne faut pas que je fasse mon lit tous les matins.
Oui, il faut que je mette la table.
Non, il ne faut pas que je fasse la vaisselle.

Interview 6 *(sample answers)*

Non, il ne faut pas que j'aide mes parents à la maison.
Oui, il faut que je rende visite à mes grands-parents.
Oui, il faut que je fasse mes devoirs.
Non, il ne faut pas que je fasse les courses.

Interview 7 *(sample answers)*

Oui, je veux bien que tu téléphones chez toi.
Non, je ne veux pas que tu regardes mon album de photos.
Oui, je veux bien que tu écoutes mes CD.
Non, je ne veux pas que tu restes pour le dîner.

Interview 8 *(sample answers)*

Non, je ne veux pas qu'il range sa chambre.
Oui, je veux bien qu'il fasse ses devoirs.
Oui, je veux bien qu'il se brosse les dents après le dîner.
Oui, je veux bien qu'il soit au lit à neuf heures.

TU AS LA PAROLE

Tu as la parole 1 *(sample answers)*

S'il vous plaît, vérifiez les pneus, les freins, le volant et le moteur.

Tu as la parole 2 *(sample answers)*

S'il vous plaît, pourriez-vous faire le plein, nettoyer le pare-brise, vérifier l'huile et nettoyer le rétroviseur.

Tu as la parole 3 *(sample answers)*

Il faut que tu mettes ta ceinture de sécurité.
Il faut que tu tournes à gauche.
Il faut que tu sois plus prudent.
Il ne faut pas que tu conduises si vite.

Tu as la parole 4 *(sample answers)*

Il faut que vous fassiez des exercices.
Il faut que vous buviez beaucoup d'eau.
Il faut que vous mangiez moins.
Il faut que vous fassiez de l'aérobic.

Tu as la parole 5

Il faut que nous allions à la Gare de l'Est à six heures du matin.
Il faut que nous soyons à l'heure.
Il faut que nous ayons nos sacs à dos et nos sacs de couchage.
Il faut que nous restions ensemble.

Tu as la parole 6 *(sample answers)*

Voulez-vous que je lave la voiture?
Voulez-vous que je mette la table?
Voulez-vous que je nettoie le garage?
Voulez-vous que je fasse la vaisselle?

CONVERSATIONS

Conversation 1 *(sample answers)*

Questions:
Est-ce que vous avez le permis de conduire?
Quelle sorte de voiture voulez-vous?

Pour combien de temps est-ce que vous allez louer la voiture?
Answers:
Oui, j'ai le permis de conduire.
Je veux une décapotable.
Je vais louer la voiture pour une semaine.

Conversation 2 *(sample answers)*

Questions:
Est-ce que vous avez une camionnette?
Est-ce qu'elle a des bons freins?
Est-ce qu'elle a des bons pneus?
Est-ce qu'elle a besoin d'essence?
Answers:
Oui, j'ai une camionnette.
Oui, elle a des bons freins.
Oui, elle a des bons pneus.
Non, elle n'a pas besoin d'essence.

Conversation 3 *(sample answers)*

Questions:
Est-ce que vous avez vérifié l'huile?
Est-ce que vous avez vérifié les freins?
Est-ce que vous avez fait le plein?
Answers:
Oui, j'ai vérifié l'huile.
Oui, j'ai vérifié les freins.
Non, je n'ai pas fait le plein.

Conversation 4 *(sample answers)*

Questions:
Veux-tu que je range le salon?
Veux-tu que je nettoie la cuisine?
Veux-tu que j'achète de l'eau minérale?
Veux-tu que je choisisse la musique?
Answers:
Oui, je veux bien que tu ranges le salon.
Oui, je veux bien que tu nettoies la cuisine.
Oui, je veux bien que tu achètes de l'eau minérale.
Oui, je veux bien que tu choisisses la musique.

Conversation 5 *(sample answers)*

Questions:
Est-ce que je peux téléphoner à un copain?
Est-ce que je peux mettre la télé?
Est-ce que je peux lire ton journal?
Answers:
Non, je ne veux pas que tu téléphones à un copain.
Oui, je veux bien que tu mettes la télé.
Non, je ne veux pas que tu lises mon journal.

Conversation 6 *(sample answers)*

Questions:
Est-ce qu'il faut que je mette la radio?
Est-ce qu'il faut que je conduise vite?
Est-ce qu'il faut que je fasse attention?
Answers:
Non, il ne faut pas que vous mettiez la radio.
Non, il ne faut pas que vous conduisiez vite.
Oui, il faut que vous fassiez attention.

Conversation 7 *(sample answers)*

Questions:
Est-ce que tu veux que je lave la voiture?
Est-ce que tu veux que je range ma chambre?
Est-ce que tu veux que je mette la table?
Est-ce que tu veux que je fasse les courses?
Quelles autres choses veux-tu que je fasse?
Answers:
Oui, je veux bien que tu laves la voiture.
Oui, je veux bien que tu ranges ta chambre.
Oui, je veux bien que tu mettes la table.
Non, je ne veux pas que tu fasses les courses.
Je veux que tu fasses la vaisselle et que tu nettoies le garage.

Conversation 8 *(sample answers)*

Questions:
Est-ce qu'il faut que je parle français?
Est-ce qu'il faut que je sois à l'heure?
Est-ce qu'il faut que j'apporte un cadeau?
Answers:
Oui, il faut que tu parles français.
Oui, il faut que tu sois à l'heure.
Oui, il faut que tu apportes un cadeau.

● ÉCHANGES

Échanges 1

Answers will vary.

Échanges 2

Answers will vary.

Échanges 3

Answers will vary.

● TÊTE À TÊTE

Activité 1 À la station-service

Élève A (sample answers)

a. Il faut que vous vérifiez les freins.
Il faut que vous changiez l'huile.
Il faut que vous répariez le capot.
Il faut que vous fassiez le plein.